Datrys Problemau Mathemateg

Blwyddyn 1

Catherine Yemm

Llyfrau eraill yn yr un gyfres:

Datrys Problemau Mathemateg – Blwyddyn 2   ISBN 978-1-78317-285-6
Datrys Problemau Mathemateg – Blwyddyn 3   ISBN 978-1-78317-286-3
Datrys Problemau Mathemateg – Blwyddyn 4   ISBN 978-1-78317-287-0
Datrys Problemau Mathemateg – Blwyddyn 5   ISBN 978-1-78317-288-7
Datrys Problemau Mathemateg – Blwyddyn 6   ISBN 978-1-78317-289-4

Cyhoeddwyd gan Brilliant Publications
Uned10, Sparrow Hall Farm, Edlesborough, Dunstable, Bedfordshire LU6 2ES

E-bost: info@brilliantpublications.co.uk
gwefan: www.brilliantpublications.co.uk
Ymholiadau cyffredinol:
Ffôn: 01525 222292

Mae'r enw Brilliant Publications a'r logo yn nodau masnach cofrestredig.
Ysgrifennwyd gan Catherine Yemm
Clawr a darluniau gan Frank Endersby

ISBN print: 978-1-78317-284-9
ISBN e-lyfr: 978-1-78317-290-0

© Catherine Yemm 2005

Cyhoeddwyd gyntaf yn 2016. Cyhoeddwyd yn y DU.
10   9   8   7   6   5   4   3   2

Mae Catherine Yemm wedi datgan ei hawl i gael ei chydnabod fel awdur y gwaith hwn yn unol â Deddf Hawlfraint, Dylunio a Phatentau 1988.

Gall athrawon unigol lungopïo tudalennau 10–106 er defnydd dosbarth yn unig, heb ganiatâd ymlaen llaw gan y cyhoeddwr a heb ddatgan i'r Gymdeithas Trwyddedu Cyhoeddwyr. Ni chaniateir atgynhyrchu'r deunyddiau mewn unrhyw ffurf arall neu ar gyfer unrhyw bwrpas arall heb ganiatâd y cyhoeddwr ymlaen llaw.

Cynnwys

Cyflwyniad 4–9
Taflen ateb y gellir ei llungopïo 10

Datblygu ymresymu rhifyddol **11–34**
Gwers 1 .... Tymor yr hydref, hanner 1af 11–14
Gwers 2 .... Tymor yr hydref, 2il hanner 15–18
Gwers 3 .... Tymor y gwanwyn, hanner 1af 19–22
Gwers 4 .... Tymor y gwanwyn, 2il hanner 23–26
Gwers 5 .... Tymor yr haf, hanner 1af 27–30
Gwers 6 .... Tymor yr haf, 2il hanner 31–34

Datblygu ymresymu rhifyddol: Adnabod prosesau a chysylltiadau **35–58**
Gwers 1 (Siâp 1) .... Tymor yr hydref, hanner 1af 35–38
Gwers 2 (Rhif 1) .... Tymor yr hydref, 2il hanner 39–42
Gwers 3 (Siâp 2) .... Tymor y gwanwyn, hanner 1af 43–46
Gwers 4 (Rhif 2) .... Tymor y gwanwyn, 2il hanner 47–50
Gwers 5 (Siâp 3) .... Tymor yr haf, hanner 1af 51–54
Gwers 6 (Rhif 3) .... Tymor yr haf, 2il hanner 55–58

Defnyddio sgiliau rhif **59–82**
Gwers 1 .... Tymor yr hydref, hanner 1af 59–62
Gwers 2 .... Tymor yr hydref, 2il hanner 63–66
Gwers 3 .... Tymor y gwanwyn, hanner 1af 67–70
Gwers 4 .... Tymor y gwanwyn, 2il hanner 71–74
Gwers 5 .... Tymor yr haf, hanner 1af 75–78
Gwers 6 .... Tymor yr haf, 2il hanner 79–82

Defnyddio sgiliau data **83–106**
Gwersi 1–2 .... Tymor yr hydref, 2il hanner 83–90
Gwersi 3–4 .... Tymor y gwanwyn, 2il hanner 91–98
Gwersi 5–6 .... Tymor yr haf, 2il hanner 99–106

Atebion 107–109

Cyflwyniad

Y llyfr cyntaf mewn cyfres o chwe llyfr adnoddau ar gyfer gwersi rhifedd yw *Datrys Problemau Mathemateg – Blwyddyn 1*. Maen nhw'n cynnwys gofynion datrys problemau y Fframwaith Rhifedd Cenedlaethol. Mae pob llyfr yn addas i flwyddyn ysgol benodol ac yn cynnwys adnoddau y gellir eu llungopïo.

Mae datrys problemau yn rhan bwysig o'r cwricwlwm rhifedd ac mae rhifedd yn bwnc pwysig gan fod plant yn dysgu sgiliau sy'n eu galluogi i ddatrys problemau mewn agweddau eraill o'u bywydau. Nid yw'n ddigon gallu cyfrif, adnabod rhif a chyfrifo; mae ar blant angen gallu defnyddio sgiliau datrys problemau ochr yn ochr â gwybodaeth fathemategol i'w helpu i lwyddo mewn gwahanol sefyllfaoedd 'bywyd go iawn'. Nid yw llawer o'r sgiliau a'r strategaethau datrys problemau sydd eu hangen yn dod yn naturiol felly mae'n rhaid eu haddysgu.

Ni ddylai datrys problemau fod yn faes sy'n cael ei addysgu yn noeth ar ei ben ei hun ond mae'n un y dylid ei addysgu ochr yn ochr â meysydd mathemateg megis rhif, siâp, gofod a mesurau. Bydd plant yn elwa o gael cyfleoedd i ddatrys problemau mewn meysydd eraill o'r cwricwlwm ac allan o'r dosbarth yn ogystal ag mewn gwersi penodol ar rifedd.

Pan yn addysgu plant i ddatrys problemau mae nifer o bwyntiau y dylid eu hystyried:

- Dylai'r nifer o gamau yn y problemau amrywio yn dibynnu ar oedran y grŵp. Bydd plant yn elwa o gael problemau byr, canolig ac estynedig.
- Dylai problemau mewn un wers fod yn amrywiol fel nad yw'r plant yn cymryd yn ganiataol mai problemau 'lluosi' ydyn nhw, er enghraifft, ac felly yn lluosi'r rhifau maen nhw'n eu gweld er mwyn cael yr atebion.
- Mae'n rhaid i'r problemau amrywio o ran cymhlethdod: dylai bod rhai problemau un cam a rhai dau gam a dylai'r eirfa ym mhob problem fod yn wahanol.
- Yn dibynnu ar oedran y plant gellid cyflwyno'r problemau ar lafar neu'n ysgrifenedig. Pan yn gosod problemau ysgrifenedig i'w datrys efallai y bydd ar rai plant angen help i ddarllen y geiriau, er nad yw hyn o reidrwydd yn golygu y byddan nhw angen help i ateb y cwestiwn.
- Dylai cyd-destun y broblem wneud synnwyr a bod yn berthnasol i'r plant. Dylai geisio eu hannog i ddod o hyd i'r ateb a bod o ddiddordeb iddyn nhw. Er enghraifft, dylid cynnwys ewros yn ogystal â phunnoedd.

Mae'r llyfr hwn wedi'i rannu'n bedair pennod: 'Datblygu ymresymu rhifyddol', 'Datblygu ymresymu rhifyddol: Adnabod prosesau a chysylltiadau', 'Defnyddio sgiliau rhif' a 'Defnyddio sgiliau data'. Mae pob pennod yn cynnwys chwe gwers, un i'w defnyddio bob hanner tymor.

Datblygu ymresymu rhifyddol

Mae'r llinyn 'Datblygu ymresymu rhifyddol' yn y Fframwaith Rhifedd Cenedlaethol yn nodi y dylai plant Blwyddyn 1 allu 'dewis a defnyddio cyfrifiadau rhif a strategaethau meddwl'i ddatrys problem'.

Yn yr oedran hwn mae plant angen sylweddoli na fydd hi bob amser yn amlwg sut i ganfod ateb i gwestiwn. Mae yna nifer o weithdrefnau y gallan nhw eu defnyddio ac mae nhw angen meddwl pa weithrediad sydd ei angen i ganfod yr ateb i gwestiwn penodol. Mae'r cwestiynau yn y bennod hon yn gofyn i blant adio a thynnu. Ceir cymysgedd o gwestiynau ym mhob gweithgaredd fel nad yw'r plant yn tybio y dylen nhw adio neu dynnu bob amser – byddan nhw'n dysgu meddwl yn agored a gwneud penderfyniad yn dibynnu ar yr eirfa a ddefnyddir a'r cwestiwn ei hun. Dylai'r pwyslais fod ar ddewis y gweithrediad cywir. Mae pob cwestiwn yn rhoi'r cyfle i'r plant esbonio'r gweithrediad y gwnaethon nhw ei ddefnyddio i ganfod yr ateb. Mae gallu dewis y gweithrediad cywir yn sgil fathemategol bwysig sydd angen ei datblygu. Mae'r cwestiynau wedi'u hysgrifennu gan ddefnyddio ystod o gyd-destunau, gan gynnwys arian a mesurau.

Pan mae'r plant yn cwblhau'r cwestiynau dylech eu hannog i feddwl am y cyfrifo mae'n rhaid iddyn nhw ei wneud a'i ysgrifennu. Dylid eu hannog hefyd i gofnodi beth maen nhw'n ei ddefnyddio i gael yr ateb. Er enghraifft:

Mae gan Ben 3 pensil ar ei fwrdd ac mae gan Rhiannon 5 pensil ar ei bwrdd. Sawl pensil fydd angen iddyn nhw eu rhoi i gadw i gyd?

Bydd rhaid i mi   **3 + 5**

Byddaf yn defnyddio   **cownteri**   i'm helpu

Yr ateb ydy   **8**

© Catherine Yemm

Datblygu ymresymu rhifyddol: Adnabod prosesau a chysylltiadau

Yn ôl amcanion y Fframwaith Rhifedd Cenedlaethol dylai plant Blwyddyn 1 allu:

- trosgwyddo sgiliau mathemategol i weithgareddau chwarae a'r ystafell ddosbarth
- adnabod camau i gwblhau'r dasg neu gyrraedd datrysiad
- dewis mathemateg a thechnegau priodol i'w defnyddio
- dewis a defnyddio ffeithiau rhif a strategaethau meddwl perthnasol
- dewis cyfarpar ac adnoddau priodol
- defnyddio gwybodaeth a phrofiad ymarferol yn sail wrth amcangyfrif.

Mae'r gweithgareddau yn gymysgedd o broblemau, posau a datganiadau. Mae gwersi 1, 3 a 5 yn ymwneud â siapiau, ac mae gwersi 2, 4 a 6 yn ymwneud â rhif. Pan geir datganiad megis 'Os ydych yn tynnu odrif o 5 rydych yn cael eilrif.', dylai'r plant gael eu hannog i roi enghreifftiau i brofi'r datganiad, ee **5 – 3 = 2** neu **5 – 1 = 4**. Gall eraill fod yn gwestiynau mwy amlwg sydd angen ateb. Dylai'r athro geisio rhoi amser i siarad gyda'r plant tra'u bod yn gweithio er mwyn rhoi'r cyfle iddyn nhw i esbonio eu dulliau a'u rhesymu ar lafar ac i roi cyfle iddyn nhw ofyn cwestiynau megis 'Beth os...?' Bydd y sesiwn gloi ar ddiwedd y wers hefyd yn rhoi'r cyfle i wneud hyn.

Defnyddio sgiliau rhif

Yn ôl elfen 'Defnyddio ffeithiau rhif a'r berthynas rhwng rhifau' y Fframwaith Rhifedd dylai plant Blwyddyn 1 allu:

- cyfrif hyd at 20 o wrthrychau'n ddibynadwy
- darllen ac ysgrifennu rhifau hyd at 20 o leiaf
- cymharu a rhoi rhifau yn eu trefn hyd at 20 o leiaf
- defnyddio ffeithiau rhif o fewn 10.

Mae'r gweithgareddau yn y bennod hon yn 'broblemau geiriau'. Bwriedir i'r cyd-destunau fod yn realistig ac yn berthnasol i blant oedran Blwyddyn 1. Mae'r cwestiynau yn gofyn am y gweithrediadau canlynol: adio, tynnu, dyblu a hanneru ac mae'r cwestiwn yn ymdrin ag arian, mesurau a sefyllfaoedd bob dydd. Mae rhai o'r cwestiynau yn gwestiynau un cam tra bo eraill yn gwestiynau dau gam syml. Dylai'r athro geisio rhoi amser i siarad gyda'r plant tra'u bod yn gweithio er mwyn rhoi cyfle iddyn nhw esbonio eu dulliau a'u rhesymu ar lafar. Bydd y sesiwn gloi ar ddiwedd y wers hefyd yn rhoi'r cyfle i wneud hyn.

Defnyddio sgiliau data

Yn ôl amcanion y Fframwaith Rhifedd dylai plant Blwyddyn 1 allu:

- Didoli a dosbarthu gwrthrychau drwy ddefnyddio mwy nag un maen prawf
- casglu gwybodaeth drwy bleidleisio neu ddidoli a chyflwyno ar ffurf lluniau, gwrthrychau neu luniadau
- llunio rhestrau a thablau yn seiliedig ar y data a gasglwyd.

Fel bo'r plant yn tyfu byddan nhw'n dod ar draws mwy a mwy o wybodaeth. Dylid dysgu sgiliau y byddan nhw eu hangen i roi trefn ar a gwneud synnwyr o wybodaeth y byddan nhw'n ei chasglu neu'n ei derbyn. Nid ydynt yn barod yn yr oedran yma i greu tablau eu hunain ond gallan nhw gwblhau tablau sy'n cael eu rhoi iddyn nhw. Dylen nhw gael y cyfle i weld data yn cael ei threfnu mewn ffyrdd gwahanol ac i ofyn cwestiynau am y data.

Y wers

Tasg ddechreuol

Gellir dechrau'r wers gyda thasg mathemateg pen 5-10 munud. Gall hyn olygu ymarfer sgîl mathemateg pen penodol ar gyfer yr hanner tymor hwnnw neu yn ddelfrydol yn amcan sy'n gysylltiedig â'r problemau y bydd y plant yn eu datrys ym mhrif ran y wers. Er enghraifft, os yw'r problemau yn gofyn i'r plant i adio a thynnu yna byddai'n ddefnyddiol treulio'r 10 munud cyntaf y wers yn atgyfnerthu bondiau adio a thynnu a'r eirfa angenrheidiol.

Y prif gweithgaredd addysgu a gweithgaredd y disgybl

Mae'r llyfr hwn yn ceisio darparu'r holl daflenni gwaith y bydd ar athro eu hangen i gyflwyno'r rhan hon o'r wers yn llwyddiannus. Mae tudalen gyntaf pob gwers, 'Gweithgaredd dosbarth cyfan' yn rhoi tair enghraifft o broblemau sydd angen eu datrys. Fe'u cynlluniwyd i'w llungopïo, ynghyd â thaflen ateb wag (gweler tud 10). Bydd yr athro'n defnyddio'r daflen ateb i fynd drwy'r enghreifftiau gyda'r dosbarth cyn cyflwyno'r dosbarth i'r cwestiynau y gallan nhw eu gwneud eu hunain. Dylai'r athro ddangos sut i ddatrys y broblem gan ddefnyddio'r sgiliau sy'n berthnasol i allu'r plant yn y dosbarth, er enghraifft defnyddio lluniau, cownteri a llinellau rhif.

Unwaith y bydd y plant wedi gweld nifer o enghreifftiau byddan nhw'n barod i roi cynnig ar ddatrys cwestiynau eu hunain. O fewn pob gwers mae dewis o dair taflen waith wedi'u gwahaniaethu. Mae'r cwestiynau ar y taflenni gwaith yr un fath ond mae lefel cymhlethdod mathemategol yn amrwyio. Mae hyn yn sicrhau bod y cwestiynau wedi'u gwahaniaethu yn unol â gallu mathemategol y plentyn yn unig. Bydd hefyd yn sicrhau y gall pob plentyn gymryd rhan yr un pryd pan yn mynd drwy'r cwestiynau yn y sesiwn agoriadol. Er enghraifft, mewn cwestiwn sy'n cynnwys adio tri rhif efallai bydd rhaid i blant adio tri rhif gwahanol ond pan fydd yr athro yn eu tywys drwy'r cwestiwn bydd y ffaith mai adio sydd angen ei wneud i ddatrys y broblem yn un bwysig fydd yn cael ei hatgyfnerthu. Os ydy'r plant yn ateb cwestiynau hollol wahanol yna pan mae'r athro'n mynd drwy'r cwestiynau yn y sesiwn agoriadol bydd yn rhaid i rai grwpiau o blant eistedd yn llonydd gan nad oedd y cwestiwn hwn ganddyn nhw ar eu taflen. Os yw'r athro'n teimlo y byddai rhai plant yn gweld budd o gael cwestiynau haws neu anos yna gallan nhw newid y rhifau ar y taflenni i rai sy'n fwy addas.

Y sesiwn gloi

Un o'r pethau pwysig mewn datrys problemau ydy trafod sut y gellir eu datrys ac mae'r sesiwn gloi yn benthyg ei hun i hyn yn dda iawn. Ar ôl i'r plant orffen y problemau gellir defnyddio'r sesiwn gloi i:

- drafod yr eirfa a ddefnyddiwyd yn y problemau
- trafod sut gellir mynd ati i ddatrys y broblem
- torri problem yn rhannau llai
- rhestru'r gweithrediadau a'r cyfrifiadau ddefnyddiwyd i ddatrys y broblem
- trafod a oes mwy nag un ffordd i ddatrys y broblem
- trafod sut gellir gwirio'r atebion
- rhoi gwybod beth ydy'r atebion i nifer o'r cwestiynau.

Cefnogaeth

Er gwaethaf eu gallu mathemategol bydd llawer o blant yr oedran hwn yn ei gweld yn anodd i ddarllen y cwestiynau a deall yr eirfa. Dylid rhoi cefnogaeth i'r plant hynny sydd ei angen i ddarllen fel eu bod yn cael y cyfle i ymarfer eu sgiliau mathemategol. Efallai bydd angen i oedolion ysgrifennu ar ran rhai plant.

Gwaith ymestynnol

Efallai bydd angen ymestyn ymhellach y plant hynny sy'n gweld y gwaith yn eithaf hawdd. Yn ogystal â rhoi'r cwestiynau mwy heriol iddyn nhw gellid gofyn iddyn nhw wneud cwestiynau eu hunain a fydd yn cynnwys yr un gweithrediadau.

Adnoddau

Byddai'n ddefnyddiol, ar gyfer rhai cwestiynau, gwneud yn siwr bod yr adnoddau canlynol ar gael i'r plant:

Cownteri
Llinellau rhif hyd at 20
Ciwbiau aml-gyswllt
Dewis o siapiau 2D a 3D
Darnau arian 1c, 2c, 5c, 10c a 20c
Clociau analog gyda bysedd sy'n symud.

Taflen ateb i'w llungopïo

Bydd rhaid i mi _____

Byddaf yn defnyddio _____ i'm helpu

Yr ateb ydy _____

Bydd rhaid i mi _____

Byddaf yn defnyddio _____ i'm helpu

Yr ateb ydy _____

Bydd rhaid i mi _____

Byddaf yn defnyddio _____ i'm helpu

Yr ateb ydy _____

Datblygu ymresymu rhifyddol

Gweithgaredd dosbarth cyfan

Mae gan Ben 3 pensil ar ei fwrdd ac mae gan Rhiannon 5 pensil ar ei bwrdd. Sawl pensil fydd angen iddyn nhw eu rhoi i gadw i gyd?

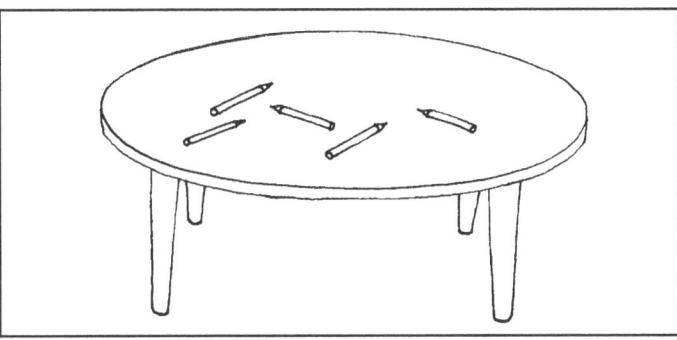

Mae bananas yn y siop yn costio 8c yr un. Faint mae'n ei gostio i Lowri brynu 2 fanana?

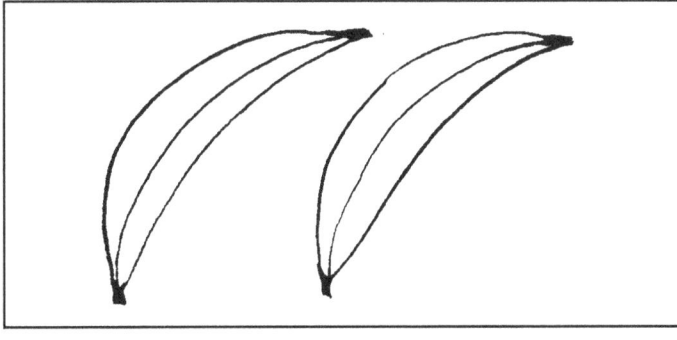

Aeth Mared ar y bws am 3 o'r gloch. Daeth hi oddi ar y bws am 5 o'r gloch. Faint o amser gymerodd ei thaith?

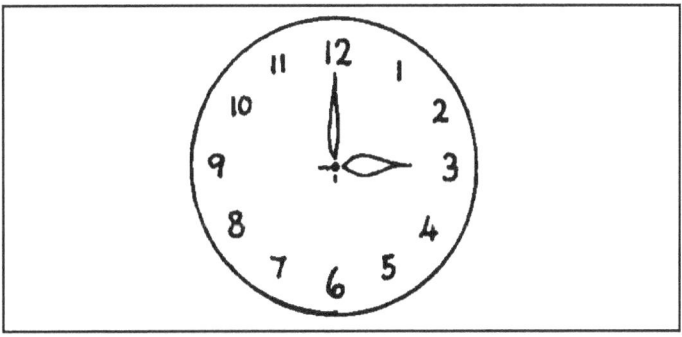

Gwers 1a

Datblygu ymresymu rhifyddol

1. Mae gan Kate 6 grawnwin yn ei bocs bwyd ac mae'n bwyta 3 yn ystod yr egwyl. Faint o rawnwin sydd ganddi ar ôl i ginio?

   Bydd rhaid i mi _____

   Byddaf yn defnyddio _____ i'm helpu

   Yr ateb ydy _____

2. Mae mam Cadi yn rhoi £3 iddi fynd i nofio. Mae'n costio £2 i fynd i'r pwll nofio. Faint o arian fydd ganddi ar ôl?

   Bydd rhaid i mi _____

   Byddaf yn defnyddio _____ i'm helpu

   Yr ateb ydy _____

3. Mae Gwydion yn dechrau yn yr ysgol am 9 o'r gloch. Mae ei dad yn dechrau gweithio 1 awr yn gynharach. Faint o'r gloch mae ei dad yn dechrau gweithio?

   Bydd rhaid i mi _____

   Byddaf yn defnyddio _____ i'm helpu

   Yr ateb ydy _____

4. Mae angen 2 gwpanaid o flawd ar Helen i wneud ei chacen siocled. Sawl cwpanaid fydd arni hi ei angen i wneud 2 gacen?

   Bydd rhaid i mi _____

   Byddaf yn defnyddio _____ i'm helpu

   Yr ateb ydy _____

www.brilliantpublications.co.uk   Gellir llungopïo'r dudalen hon gan y sefydliad sy'n prynu yn unig.

Datrys Problemau Mathemateg – Blwyddyn 1   © Catherine Yemm

Datblygu ymresymu rhifyddol

Gwers 1b

1. Mae gan Kate 10 grawnwin yn ei bocs bwyd ac mae'n bwyta 6 yn ystod yr egwyl. Faint o rawnwin sydd ganddi ar ôl i ginio?

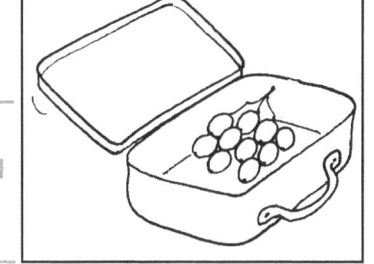

Bydd rhaid i mi _____

Byddaf yn defnyddio _____ i'm helpu

Yr ateb ydy _____

2. Mae mam Cadi yn rhoi £5 iddi fynd i nofio. Mae'n costio £2 i fynd i'r pwll nofio. Faint o arian fydd ganddi ar ôl?

Bydd rhaid i mi _____

Byddaf yn defnyddio _____ i'm helpu

Yr ateb ydy _____

3. Mae Gwydion yn dechrau yn yr ysgol am 9 o'r gloch. Mae ei dad yn dechrau gweithio 2 awr yn gynharach. Faint o'r gloch mae ei dad yn dechrau gweithio?

Bydd rhaid i mi _____

Byddaf yn defnyddio _____ i'm helpu

Yr ateb ydy _____

4. Mae angen 4 cwpanaid o flawd ar Helen i wneud ei chacen siocled. Sawl cwpanaid fydd arni hi ei angen i wneud 2 gacen?

Bydd rhaid i mi _____

Byddaf yn defnyddio _____ i'm helpu

Yr ateb ydy _____

Gwers 1C — Datblygu ymresymu rhifyddol

1. Mae gan Kate 15 grawnwin yn ei bocs bwyd ac mae'n bwyta 8 yn ystod yr egwyl. Faint o rawnwin sydd ganddi ar ôl i ginio?

Bydd rhaid i mi _____

Byddaf yn defnyddio _____ i'm helpu

Yr ateb ydy _____

2. Mae mam Cadi yn rhoi £10 iddi fynd i nofio. Mae'n costio £4 i fynd i'r pwll nofio. Faint o arian fydd ganddi ar ôl?

Bydd rhaid i mi _____

Byddaf yn defnyddio _____ i'm helpu

Yr ateb ydy _____

3. Mae Gwydion yn dechrau yn yr ysgol am 9 o'r gloch. Mae ei dad yn dechrau gweithio 4 awr yn gynharach. Faint o'r gloch mae ei dad yn dechrau gweithio?

Bydd rhaid i mi _____

Byddaf yn defnyddio _____ i'm helpu

Yr ateb ydy _____

4. Mae angen 6 cwpanaid o flawd ar Helen i wneud ei chacen siocled. Sawl cwpanaid fydd arni hi ei angen i wneud 2 gacen?

Bydd rhaid i mi _____

Byddaf yn defnyddio _____ i'm helpu

Yr ateb ydy _____

Datblygu ymresymu rhifyddol

Gweithgaredd dosbarth cyfan

Taldra Jacob yw 7 mesurydd. Taldra Catherine yw 12 mesurydd. Faint yn dalach na Jacob yw Catherine?

Prynodd Dewi focs o sudd am 6c. Faint o newid gafodd e allan o 10c?

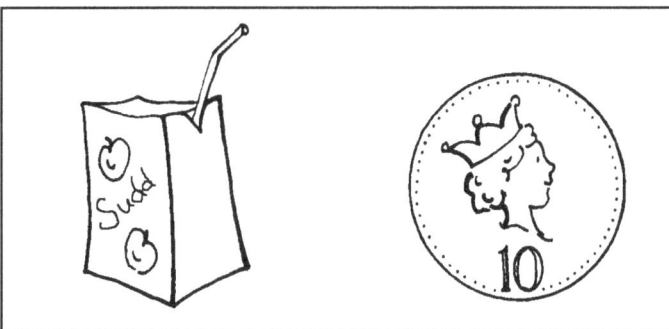

Mae 12 siocled mewn bocs. Os yw Siân yn bwyta hanner ohonyn nhw faint sydd ar ôl?

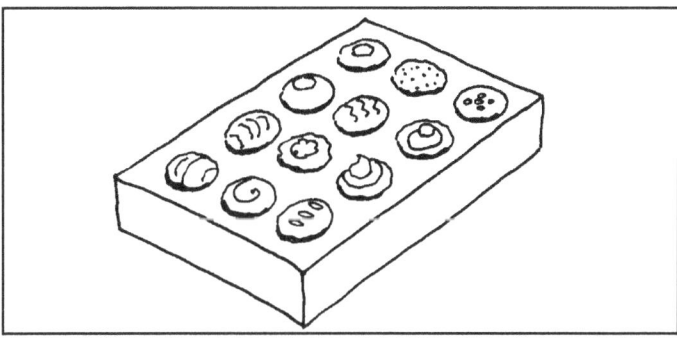

Datblygu ymresymu rhifyddol

Gwers 2a

1. Mae gan Sam gi ac mae gan Lucy gath. Sawl coes sydd gan y ddau anifail gyda'i gilydd?

   Bydd rhaid i mi _____

   Byddaf yn defnyddio _____ i'm helpu

   Yr ateb ydy _____

2. Amser cinio hoffai Rhian brynu afal am 4 ceiniog a diod am 6 cheiniog. Faint o arian fydd arni hi ei angen?

   Bydd rhaid i mi _____

   Byddaf yn defnyddio _____ i'm helpu

   Yr ateb ydy _____

3. Mae clwb pêl droed Liz yn para am 1 awr. Os yw'r clwb yn dechrau am 3 o'r gloch, faint o'r gloch mae'n gorffen?

   Bydd rhaid i mi _____

   Byddaf yn defnyddio _____ i'm helpu

   Yr ateb ydy _____

4. Mae bwced Gwion yn dal 5 llond jwg o ddŵr ac mae bwced Dewi yn dal 9. Faint yn fwy o ddŵr sydd gan Dewi?

   Bydd rhaid i mi _____

   Byddaf yn defnyddio _____ i'm helpu

   Yr ateb ydy _____

Datrys Problemau Mathemateg – Blwyddyn 1

Datblygu ymresymu rhifyddol

Gwers 2b

1. Mae gan Sam gi, mae gan Lucy gath ac mae gan Jake lygoden. Sawl coes sydd gan yr anifeiliaid gyda'i gilydd?

   Bydd rhaid i mi _____

   Byddaf yn defnyddio _____ i'm helpu

   Yr ateb ydy _____

2. Amser cinio hoffai Rhian brynu afal am 8 ceiniog a diod am 9 ceiniog. Faint o arian fydd arni hi ei angen?

   Bydd rhaid i mi _____

   Byddaf yn defnyddio _____ i'm helpu

   Yr ateb ydy _____

3. Mae clwb pêl droed Liz yn para am 2 awr. Os yw'r clwb yn dechrau am 3 o'r gloch, faint o'r gloch mae'n gorffen?

   Bydd rhaid i mi _____

   Byddaf yn defnyddio _____ i'm helpu

   Yr ateb ydy _____

4. Mae bwced Gwion yn dal 8 llond jwg o ddŵr ac mae bwced Dewi yn dal 12. Faint yn fwy o ddŵr sydd gan Dewi?

   Bydd rhaid i mi _____

   Byddaf yn defnyddio _____ i'm helpu

   Yr ateb ydy _____

Gwers 2C — Datblygu ymresymu rhifyddol

1. Mae gan Sam gi, mae gan Lucy ddwy gath ac mae gan Jake ddwy lygoden. Sawl coes sydd gan yr anifeiliaid gyda'i gilydd?

   Bydd rhaid i mi _____

   Byddaf yn defnyddio _____ i'm helpu

   Yr ateb ydy _____

2. Amser cinio hoffai Rhian brynu afal am 11 ceiniog a diod am 13 ceiniog. Faint o arian fydd arni hi ei angen?

   Bydd rhaid i mi _____

   Byddaf yn defnyddio _____ i'm helpu

   Yr ateb ydy _____

3. Mae clwb pêl droed Liz yn para am 4 awr. Os yw'r clwb yn dechrau am 3 o'r gloch, faint o'r gloch mae'n gorffen?

   Bydd rhaid i mi _____

   Byddaf yn defnyddio _____ i'm helpu

   Yr ateb ydy _____

4. Mae bwced Gwion yn dal 12 llond jwg o ddŵr ac mae bwced Dewi yn dal 16. Faint yn fwy o ddŵr sydd gan Dewi?

   Bydd rhaid i mi _____

   Byddaf yn defnyddio _____ i'm helpu

   Yr ateb ydy _____

Datblygu ymresymu rhifyddol

Gweithgaredd dosbarth cyfan

Mae'r pwll nofio yn agor am 9 o'r gloch ac yn cau am 12 o'r gloch. Am faint o amser mae ar agor?

Mae John yn darllen 4 tudalen o'i lyfr ac yna mae'n darllen 3 tudalen arall. Sawl tudalen mae wedi eu darllen?

Mae Maya yn prynu cacen o'r siop am 12c. Pa ddarnau o arian all hi eu rhoi i weithiwr y siop i dalu am y gacen?

Gwers 3a

Datblygu ymresymu rhifyddol

1. Mae Mesha angen darn o linyn 4 metr o hyd i wneud barcud. Mae ganddo ddarn o linyn 7 metr o hyd. Faint o'r llinyn fydd yn rhaid iddo ei dorri i ffwrdd?

   Bydd rhaid i mi _____

   Byddaf yn defnyddio _____ i'm helpu

   Yr ateb ydy _____

2. Mae 5 o blant wrth y bwrdd cinio a dim ond 2 ohonyn nhw sydd gyda llwy. Sawl plentyn sydd heb lwy i fwyta ei bwdin?

   Bydd rhaid i mi _____

   Byddaf yn defnyddio _____ i'm helpu

   Yr ateb ydy _____

3. Mae Iestyn yn treulio un awr bob dydd ar ei feic. Sawl awr mae wedi ei dreulio ar ei feic ar ôl 4 diwrnod?

   Bydd rhaid i mi _____

   Byddaf yn defnyddio _____ i'm helpu

   Yr ateb ydy _____

4. Mae Sam yn pwyso yr un faint â 3 bricsen ac mae Robert yn pwyso yr un faint â 5 bricsen. Faint fydden nhw'n ei bwyso gyda'i gilydd pe bai Sam yn neidio ar gefn Robert?

   Bydd rhaid i mi _____

   Byddaf yn defnyddio _____ i'm helpu

   Yr ateb ydy _____

Datrys Problemau Mathemateg – Blwyddyn 1

Datblygu ymresymu rhifyddol

Gwers 3b

1. Mae Mesha angen darn o linyn 7 metr o hyd i wneud barcud. Mae ganddo ddarn o linyn 12 metr o hyd. Faint o'r llinyn fydd yn rhaid iddo ei dorri i ffwrdd?

   Bydd rhaid i mi _____

   Byddaf yn defnyddio _____ i'm helpu

   Yr ateb ydy _____

2. Mae 8 o blant wrth y bwrdd cinio a dim ond 3 ohonyn nhw sydd gyda llwy. Sawl plentyn sydd heb lwy i fwyta ei bwdin?

   Bydd rhaid i mi _____

   Byddaf yn defnyddio _____ i'm helpu

   Yr ateb ydy _____

3. Mae Iestyn yn treulio un awr bob dydd ar ei feic. Sawl awr mae wedi ei dreulio ar ei feic ar ôl 6 diwrnod?

   Bydd rhaid i mi _____

   Byddaf yn defnyddio _____ i'm helpu

   Yr ateb ydy _____

4. Mae Sam yn pwyso yr un faint â 7 bricsen ac mae Robert yn pwyso yr un faint â 8 bricsen. Faint fydden nhw'n ei bwyso gyda'i gilydd pe bai Sam yn neidio ar gefn Robert?

   Bydd rhaid i mi _____

   Byddaf yn defnyddio _____ i'm helpu

   Yr ateb ydy _____

Gwers 3C — Datblygu ymresymu rhifyddol

1. Mae Mesha angen darn o linyn 11 metr o hyd i wneud barcud. Mae ganddo ddarn o linyn 17 metr o hyd. Faint o'r llinyn fydd yn rhaid iddo ei dorri i ffwrdd?

   Bydd rhaid i mi _____

   Byddaf yn defnyddio _____ i'm helpu

   Yr ateb ydy _____

2. Mae 13 o blant wrth y bwrdd cinio a dim ond 5 ohonyn nhw sydd gyda llwy. Sawl plentyn sydd heb lwy i fwyta ei bwdin?

   Bydd rhaid i mi _____

   Byddaf yn defnyddio _____ i'm helpu

   Yr ateb ydy _____

3. Mae Iestyn yn treulio un awr bob dydd ar ei feic. Sawl awr mae wedi ei dreulio ar ei feic ar ôl 14 diwrnod?

   Bydd rhaid i mi _____

   Byddaf yn defnyddio _____ i'm helpu

   Yr ateb ydy _____

4. Mae Sam yn pwyso yr un faint â 12 bricsen ac mae Robert yn pwyso yr un faint â 11 bricsen. Faint fydden nhw'n ei bwyso gyda'i gilydd pe bai Sam yn neidio ar gefn Robert?

   Bydd rhaid i mi _____

   Byddaf yn defnyddio _____ i'm helpu

   Yr ateb ydy _____

Datblygu ymresymu rhifyddol

Gweithgaredd dosbarth cyfan

Os yw'n costio 8c i un plentyn fynd i nofio faint fydd hi'n ei gostio i Sara a'i chwaer fynd i nofio?

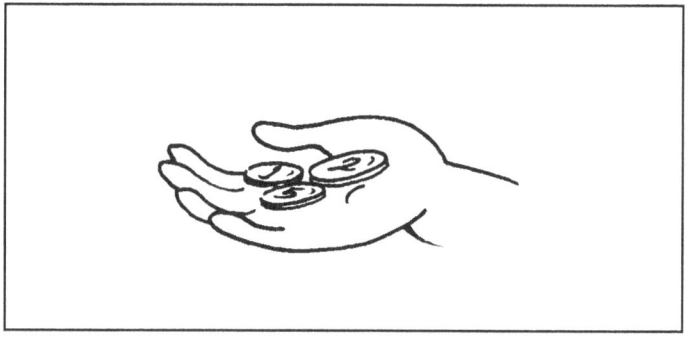

Ar glorian mae 3 marblen yn pwyso yr un faint ag afal ac mae 6 marblen yn pwyso yr un faint ag eirinen wlanog. Sawl marblen fydd yn pwyso yr un faint ag un afal ac un eirinen wlanog?

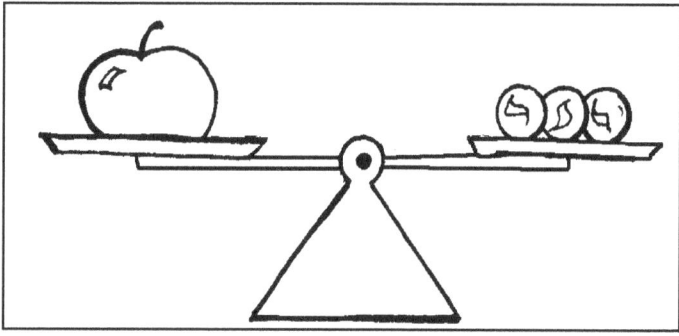

Mae'n cymryd 7 munud i Jenni gerdded i'r ysgol. Faint o amser mae hi'n cymryd i gerdded yno ac yn ôl?

Gwers 4a

Datblygu ymresymu rhifyddol

1. Mae Dosbarth 3 yn mesur ffenestri'r dosbarth. Mae pob ffenestr yn 2 fetr o led. Pa mor hir fydd yn rhaid i'w tâp mesur fod iddyn nhw allu mesur 3 ffenestr mewn rhes?

    Bydd rhaid i mi _____

    Byddaf yn defnyddio _____ i'm helpu

    Yr ateb ydy _____

2. Mae Jac a Ravi yn chwarae gêm. Mae'r enillydd yn cael marblen. Mae gan Jac 3 marblen ac mae gan Ravi 5 marblen. Sawl gêm maen nhw wedi ei chwarae?

    Bydd rhaid i mi _____

    Byddaf yn defnyddio _____ i'm helpu

    Yr ateb ydy _____

3. Rhoddodd Sam lythyr yn y post dydd Llun a derbyniodd ei nain y llythyr dydd Iau. Sawl diwrnod wnaeth y llythyr ei gymryd i gyrraedd?

    Bydd rhaid i mi _____

    Byddaf yn defnyddio _____ i'm helpu

    Yr ateb ydy _____

4. Mae cacen pen-blwydd Rhian yn pwyso yr un faint â 4 oren. Mae ffrindiau Rhian yn bwyta hanner y gacen. Yr un faint â sawl oren mae gweddill y gacen y ei bwyso?

    Bydd rhaid i mi _____

    Byddaf yn defnyddio _____ i'm helpu

    Yr ateb ydy _____

Datblygu ymresymu rhifyddol

Gwers 4b

1. Mae Dosbarth 3 yn mesur ffenestri'r dosbarth. Mae pob ffenestr yn 2 fetr o led. Pa mor hir fydd yn rhaid i'w tâp mesur fod iddyn nhw allu mesur 4 ffenestr mewn rhes?

    Bydd rhaid i mi _____

    Byddaf yn defnyddio _____ i'm helpu

    Yr ateb ydy _____

2. Mae Jac a Ravi yn chwarae gêm. Mae'r enillydd yn cael marblen. Mae gan Jac 7 marblen ac mae gan Ravi 6 marblen. Sawl gêm mae nhw wedi ei chwarae?

    Bydd rhaid i mi _____

    Byddaf yn defnyddio _____ i'm helpu

    Yr ateb ydy _____

3. Rhoddodd Sam lythyr yn y post dydd Llun a derbyniodd ei nain y llythyr y dydd Llun canlynol. Sawl diwrnod wnaeth y llythyr ei gymryd i gyrraedd?

    Bydd rhaid i mi _____

    Byddaf yn defnyddio _____ i'm helpu

    Yr ateb ydy _____

4. Mae cacen pen-blwydd Rhian yn pwyso yr un faint â 10 oren. Mae ffrindiau Rhian yn bwyta hanner y gacen. Yr un faint â sawl oren mae gweddill y gacen yn ei bwyso?

    Bydd rhaid i mi _____

    Byddaf yn defnyddio _____ i'm helpu

    Yr ateb ydy _____

Gwers 4C

Datblygu ymresymu rhifyddol

1. Mae Dosbarth 3 yn mesur ffenestri'r dosbarth. Mae pob ffenestr yn 2 fetr o led. Pa mor hir fydd yn rhaid i'w tâp mesur fod iddyn nhw allu mesur 6 ffenestr mewn rhes?

   Bydd rhaid i mi _____

   Byddaf yn defnyddio _____ i'm helpu

   Yr ateb ydy _____

2. Mae Jac a Ravi yn chwarae gêm. Mae'r enillydd yn cael marblen. Mae gan Jac 11 marblen ac mae gan Ravi 6 marblen. Sawl gêm maen nhw wedi ei chwarae hyd yma?

   Bydd rhaid i mi _____

   Byddaf yn defnyddio _____ i'm helpu

   Yr ateb ydy _____

3. Rhoddodd Sam lythyr yn y post dydd Llun a derbyniodd ei nain y llythyr ar y dydd Mercher ar ôl y penwythnos. Sawl diwrnod wnaeth y llythyr ei gymryd i gyrraedd?

   Bydd rhaid i mi _____

   Byddaf yn defnyddio _____ i'm helpu

   Yr ateb ydy _____

4. Mae cacen pen-blwydd Rhian yn pwyso yr un faint â 16 oren. Mae ffrindiau Rhian yn bwyta hanner y gacen. Yr un faint â sawl oren mae gweddill y gacen yn ei bwyso?

   Bydd rhaid i mi _____

   Byddaf yn defnyddio _____ i'm helpu

   Yr ateb ydy _____

Datblygu ymresymu rhifyddol

Gweithgaredd dosbarth cyfan

Mae gan Llew jwg sy'n dal 6 cwpanaid o ddiod. Sawl ffrind sy'n gallu cael cwpanaid o ddiod os oes ganddo 2 jwg o ddiod?

Mae'n costio 5c i anfon un llythyr. Mae'n costio 8c i anfon yr ail lythyr. Faint o arian fydd ar Kamal ei angen i anfon y 2 lythyr?

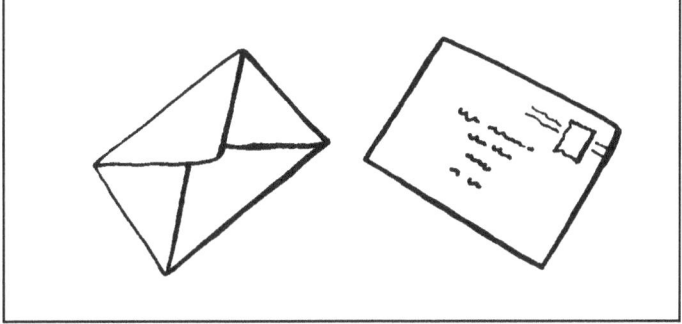

Mae 11 llyfr newydd yn llyfrgell yr ysgol. Mae gan 5 ohonyn nhw glawr caled. Sawl llyfr sydd gyda clawr meddal?

Gwers 5a

Datblygu ymresymu rhifyddol

1. Mae'n costio £3 i brynu pêl-droed. Mae gan Robert £6. Faint o arian fydd ganddo ar ôl os yw'n prynu'r bêl?

   Bydd rhaid i mi _____

   Byddaf yn defnyddio _____ i'm helpu

   Yr ateb ydy _____

2. Mae gan Charlotte losin mefus sydd yn 5 mesurydd o hyd ac mae gan Tom losin sydd yn 2 fesurydd o hyd. Pa mor hir fyddai'r losin pe bai nhw'n eu rhoi at ei gilydd?

   Bydd rhaid i mi _____

   Byddaf yn defnyddio _____ i'm helpu

   Yr ateb ydy _____

3. Mae Anna a Joe yn mynd ar bicnic. Mae potel ddŵr Anna yn dal 1 cwpanaid o ddiod. Mae potel Joe yn dal 4 cwpanaid. Sawl cwpanaid o ddiod sydd ganddyn nhw gyda'i gilydd?

   Bydd rhaid i mi _____

   Byddaf yn defnyddio _____ i'm helpu

   Yr ateb ydy _____

4. Mae 4 cadair ysgol yn pwyso yr un faint â bwrdd. Mae gan tad Sophie fan sy'n gallu cario 2 fwrdd. Sawl cadair fyddai'r fan yn gallu eu cario?

   Bydd rhaid i mi _____

   Byddaf yn defnyddio _____ i'm helpu

   Yr ateb ydy _____

Datblygu ymresymu rhifyddol

Gwers 5b

1. Mae'n costio £5 i brynu pêl-droed. Mae gan Robert £10. Faint o arian fydd ganddo ar ôl os yw'n prynu'r bêl?

   Bydd rhaid i mi _____

   Byddaf yn defnyddio _____ i'm helpu

   Yr ateb ydy _____

2. Mae gan Charlotte losin mefus sydd yn 8 mesurydd o hyd ac mae gan Tom losin sydd yn 6 mesurydd o hyd. Pa mor hir fyddai'r losin pe bai nhw'n eu rhoi at ei gilydd?

   Bydd rhaid i mi _____

   Byddaf yn defnyddio _____ i'm helpu

   Yr ateb ydy _____

3. Mae Anna a Joe yn mynd ar bicnic. Mae potel ddŵr Anna yn dal 3 cwpanaid o ddiod. Mae potel Joe yn dal 5 cwpanaid. Sawl cwpanaid o ddiod sydd ganddyn nhw gyda'i gilydd?

   Bydd rhaid i mi _____

   Byddaf yn defnyddio _____ i'm helpu

   Yr ateb ydy _____

4. Mae 6 cadair ysgol yn pwyso yr un faint â bwrdd. Mae gan tad Sophie fan sy'n gallu cario 2 fwrdd. Sawl cadair fyddai'r fan yn gallu eu cario?

   Bydd rhaid i mi _____

   Byddaf yn defnyddio _____ i'm helpu

   Yr ateb ydy _____

Gwers 5C

Datblygu ymresymu rhifyddol

1. Mae'n costio £7 i brynu pêl-droed. Mae gan Robert £15. Faint o arian fydd ganddo ar ôl os yw'n prynu'r bêl?

   Bydd rhaid i mi _____

   Byddaf yn defnyddio _____ i'm helpu

   Yr ateb ydy _____

2. Mae gan Charlotte losin mefus sydd yn 11 mesurydd o hyd ac mae gan Tom losin sydd yn 10 mesurydd o hyd. Pa mor hir fyddai'r losin pe bai nhw'n eu rhoi at ei gilydd?

   Bydd rhaid i mi _____

   Byddaf yn defnyddio _____ i'm helpu

   Yr ateb ydy _____

3. Mae Anna a Joe yn mynd ar bicnic. Mae potel ddŵr Anna yn dal 7 cwpanaid o ddiod. Mae potel Joe yn dal 10 cwpanaid. Sawl cwpanaid o ddiod sydd ganddyn nhw gyda'i gilydd?

   Bydd rhaid i mi _____

   Byddaf yn defnyddio _____ i'm helpu

   Yr ateb ydy _____

4. Mae 10 cadair ysgol yn pwyso yr un faint â bwrdd. Mae gan tad Sophie fan sy'n gallu cario 2 fwrdd. Sawl cadair fyddai'r fan yn gallu eu cario?

   Bydd rhaid i mi _____

   Byddaf yn defnyddio _____ i'm helpu

   Yr ateb ydy _____

Datblygu ymresymu rhifyddol

Gweithgaredd dosbarth cyfan

Mae Deio yn cymryd 9 munud i redeg o gwmpas cae'r ysgol. Mae Efa yn cymryd 6 munud yn fwy. Faint o amser mae Efa yn ei gymryd i redeg o gwmpas cae'r ysgol?

Mae cacen ffrwythau Siôn yn cymryd 3 awr i goginio. Os ydy e'n ei rhoi yn y popty am 1 o'r gloch faint o'r gloch ddylai e ei thynnu allan o'r popty?

Mae Teleri wedi gwneud tŵr gyda blociau. Mae'n 7 bloc o uchder. Mae Carwyn wedi gwneud tŵr sydd ddwy waith yn fwy. Sawl bloc wnaeth e ddefnyddio?

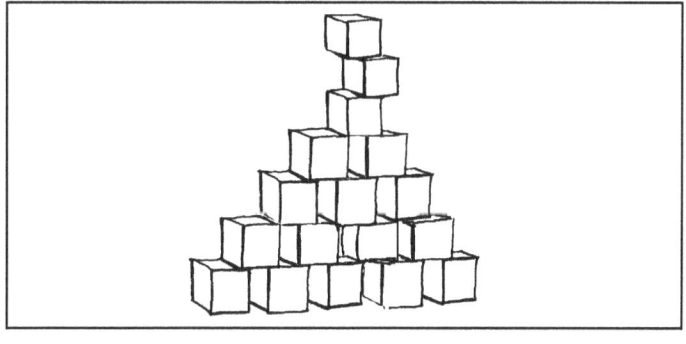

Gwers 6a

Datblygu ymresymu rhifyddol

1. Pan mae Hinda yn defnyddio ei phwll nofio mae ei thad yn rhoi 8 jwg o ddŵr ynddo. Yna mae'n gollwng 3 jwg o ddŵr o'r pwll. Sawl jwg o ddŵr sydd ar ôl yn y pwll?

   Bydd rhaid i mi _____

   Byddaf yn defnyddio _____ i'm helpu

   Yr ateb ydy _____

2. Ar ei ben-blwydd mae Llew yn cael £4 gan ei nain ac yn cael £4 gan ei ewythr. Faint o arian sydd ganddo?

   Bydd rhaid i mi _____

   Byddaf yn defnyddio _____ i'm helpu

   Yr ateb ydy _____

3. Mae Oliver a Christopher yn mesur hyd eu traed. Mae traed Oliver yn 6 ciwb o hyd. Mae traed Christopher 3 ciwb yn hirach. Beth ydy hyd traed Christopher mewn ciwbiau?

   Bydd rhaid i mi _____

   Byddaf yn defnyddio _____ i'm helpu

   Yr ateb ydy _____

4. Mae cwpanaid o flawd yn pwyso yr un faint â 5 marblen. Mae ar Susan angen 2 gwpanaid o flawd ar gyfer ei rysait bisgedi. Sawl marblen fyddai ei angen i bwyso yr un faint â dwy gwpanaid o flawd?

   Bydd rhaid i mi _____

   Byddaf yn defnyddio _____ i'm helpu

   Yr ateb ydy _____

Datblygu ymresymu rhifyddol

Gwers 6b

1. Pan mae Hinda yn defnyddio ei phwll nofio mae ei thad yn rhoi 12 jwg o ddŵr ynddo. Yna mae'n gollwng 4 jwg o ddŵr o'r pwll. Sawl jwg o ddŵr sydd ar ôl yn y pwll?

   Bydd rhaid i mi _____

   Byddaf yn defnyddio _____ i'm helpu

   Yr ateb ydy _____

2. Ar ei ben-blwydd mae Llew yn cael £7 gan ei nain ac yn cael £4 gan ei ewythr. Faint o arian sydd ganddo?

   Bydd rhaid i mi _____

   Byddaf yn defnyddio _____ i'm helpu

   Yr ateb ydy _____

3. Mae Oliver a Christopher yn mesur hyd eu traed. Mae traed Oliver yn 12 ciwb o hyd. Mae traed Christopher 5 ciwb yn hirach. Beth ydy hyd traed Christopher mewn ciwbiau?

   Bydd rhaid i mi _____

   Byddaf yn defnyddio _____ i'm helpu

   Yr ateb ydy _____

4. Mae cwpanaid o flawd yn pwyso yr un faint â 7 marblen. Mae ar Susan angen 2 gwpanaid o flawd ar gyfer ei rysait bisgedi. Sawl marblen fyddai ei angen i bwyso yr un faint â dwy gwpanaid o flawd?

   Bydd rhaid i mi _____

   Byddaf yn defnyddio _____ i'm helpu

   Yr ateb ydy _____

Datblygu ymresymu rhifyddol

Gwers 6C

1. Pan mae Hinda yn defnyddio ei phwll nofio mae ei thad yn rhoi 15 jwg o ddŵr ynddo. Yna mae'n gollwng 5 jwg o ddŵr o'r pwll. Sawl jwg o ddŵr sydd ar ôl yn y pwll?

   Bydd rhaid i mi _____

   Byddaf yn defnyddio _____ i'm helpu

   Yr ateb ydy _____

2. Ar ei ben-blwydd mae Llew yn cael £8 gan ei nain ac yn cael £10 gan ei ewythr. Faint o arian sydd ganddo?

   Bydd rhaid i mi _____

   Byddaf yn defnyddio _____ i'm helpu

   Yr ateb ydy _____

3. Mae Oliver a Christopher yn mesur hyd eu traed. Mae traed Oliver yn 16 ciwb o hyd. Mae traed Christopher 5 ciwb yn hirach. Beth ydy hyd traed Christopher mewn ciwbiau?

   Bydd rhaid i mi _____

   Byddaf yn defnyddio _____ i'm helpu

   Yr ateb ydy _____

4. Mae cwpanaid o flawd yn pwyso yr un faint â 11 marblen. Mae ar Susan angen 2 gwpanaid o flawd ar gyfer ei rysait bisgedi. Sawl marblen fyddai ei angen i bwyso yr un faint â dwy gwpanaid o flawd?

   Bydd rhaid i mi _____

   Byddaf yn defnyddio _____ i'm helpu

   Yr ateb ydy _____

Datrys Problemau Mathemateg – Blwyddyn 1

Datblygu ymresymu rhifyddol: Adnabod prosesau a chysylltiadau

Gwers 1

Gweithgaredd dosbarth cyfan

Mae gennych ddau sgwâr wedi'u tywyllu a dau sgwâr gyda smotiau. Sawl ffordd wahanol sydd yna i ddod â nhw at ei gilydd fel nad oes sgwariau sydd wedi'u tywyllu yn cyffwrdd ac nad oes sgwariau gyda smotiau yn cyffwrdd?

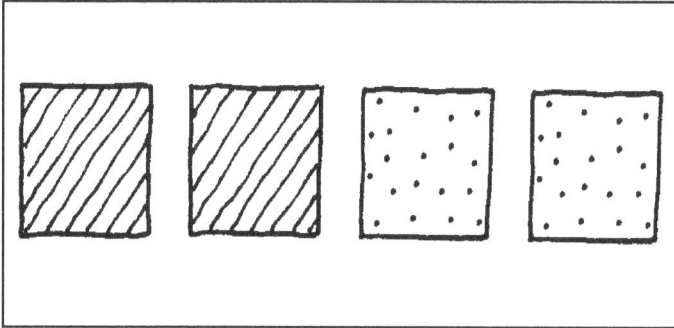

Mae gan bentagon fwy o gorneli na sgwâr. Rhowch gylch am yr ateb cywir.

Cywir

Anghywir

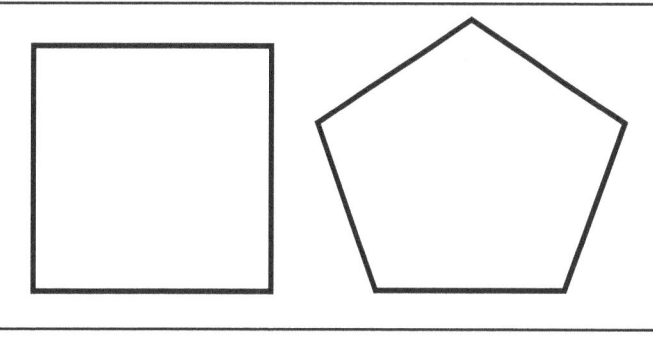

Pa un sydd gyda'r mwyaf o ochrau? Triongl neu sgwâr?

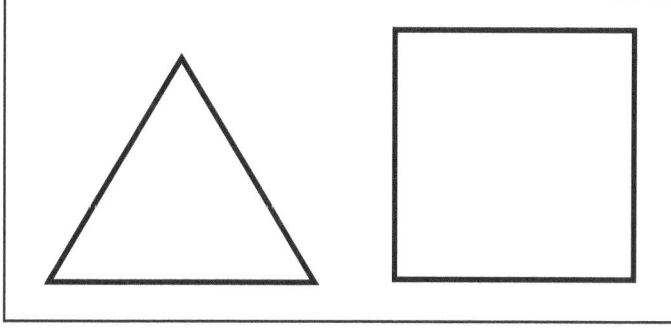

Datblygu ymresymu rhifyddol: Adnabod prosesau a chysylltiadau

1. Mae gan driongl fwy o ochrau na chylch. Rhowch gylch am yr ateb cywir.

   Cywir

   Anghywir

2. Ydy hi'n bosib rhoi 2 driongl at ei gilydd i wneud sgwâr? Dangoswch eich ateb.

   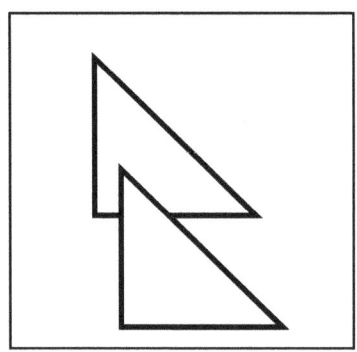

3. Sawl sgwâr allwch chi eu cyfri i gyd?

4. Edrychwch ar y patrwm hwn.

   Sawl gwaith mae pob siâp yn cael ei ailadrodd?

Datblygu ymresymu rhifyddol: Adnabod prosesau a chysylltiadau

1. Mae gan betryal fwy o ochrau na thriongl. Rhowch gylch am yr ateb cywir.

   Cywir

   Anghywir

   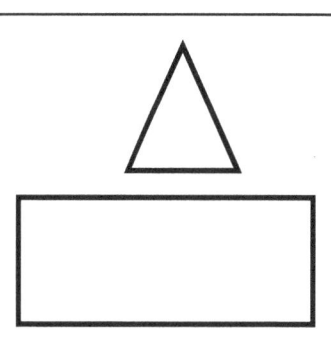

2. Ydy hi'n bosib rhoi trionglau at ei gilydd i wneud petryalau? Dangoswch eich ateb.

3. Sawl sgwâr allwch chi eu cyfri i gyd?

   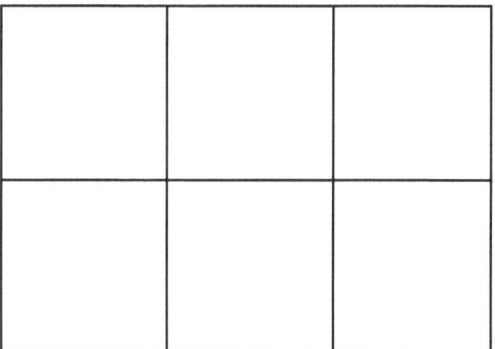

4. Edrychwch ar y patrwm hwn.

   Sawl gwaith mae pob siâp yn cael ei ailadrodd?

   ✚

Datblygu ymresymu rhifyddol: Adnabod prosesau a chysylltiadau

1. Mae gan bentagon fwy o ochrau na phetryal. Rhowch gylch am yr ateb cywir.

   Cywir

   Anghywir

   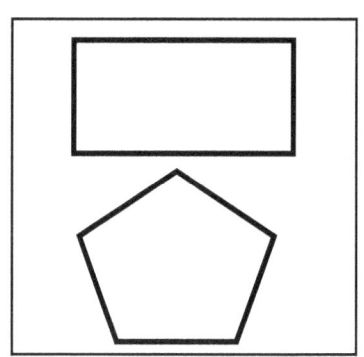

2. Ydy hi'n bosib rhoi trionglau at ei gilydd i wneud siâp o'r enw trapesiwm? Dangoswch eich ateb.

   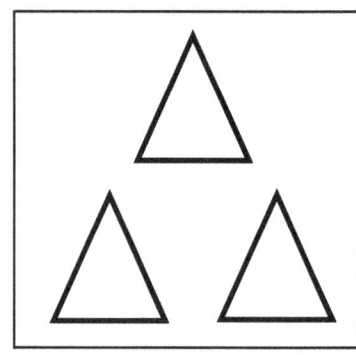

3. Sawl sgwâr allwch chi eu cyfri i gyd?

   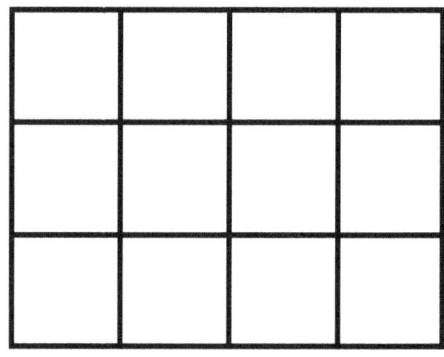

4. Edrychwch ar y patrwm hwn.

   Sawl gwaith mae pob siâp yn cael ei ailadrodd?

   ●
   ■
   ▲
   ✚
   ✢

Datblygu ymresymu rhifyddol: Adnabod prosesau a chysylltiadau

Gweithgaredd dosbarth cyfan

Os ydych chi'n adio 2 + 2 + 2, ydy'r ateb yn odrif neu'n eilrif?

Faint o arian ydy darn 5c, darn 2c a dau ddarn 1c?

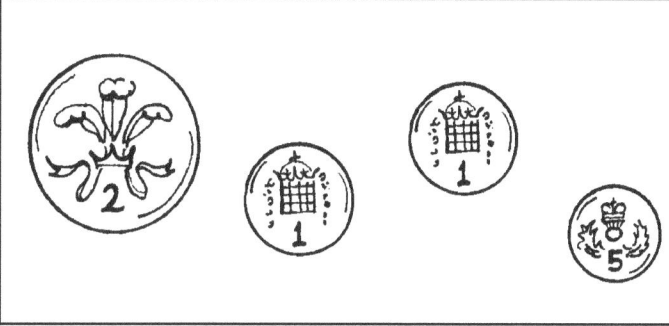

Enwch 4 pâr o rifau gyda gwahaniaeth o 3?

Gwers 2a

Datblygu ymresymu rhifyddol: Adnabod prosesau a chysylltiadau

1. Mae gennych fag o ddarnau arian 5c, 2c a 1c. Dewch o hyd i dair ffordd neu fwy o wneud 8c.

2. Gellir rhoi'r cardiau hyn mewn parau fel bod pob pâr gyda gwahaniaeth o 2. Tynnwch linell i uno'r parau.

| 7 | 3 | 9 | 4 | 5 | 2 |

3. Defnyddiwch y digidau 1 a 2 ac ysgrifennwch rif gwahanol ym mhob un o'r blychau hyn.

4. Pa rifau sydd ar goll yn y patrwm hwn?

1   2   ____   4   5   ____   ____   8   ____   10

Datblygu ymresymu rhifyddol: Adnabod prosesau a chysylltiadau

1. Mae gennych fag o ddarnau arian 5c, 2c a 1c. Dewch o hyd i dair ffordd neu fwy o wneud 10c?

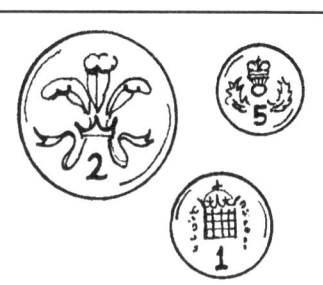

2. Gellir rhoi'r cardiau hyn mewn parau fel bod pob pâr gyda gwahaniaeth o 4. Tynnwch linell i uno'r parau.

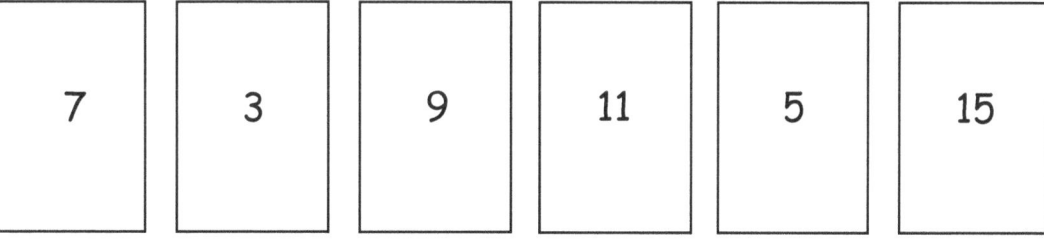

3. Defnyddiwch y digidau 1 a 2 ac ysgrifennwch rif gwahanol ym mhob un o'r blychau hyn.

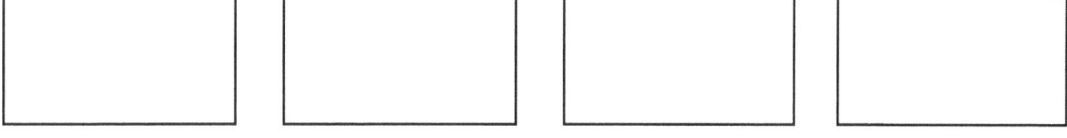

4. Pa rifau sydd ar goll yn y patrwm hwn?

0   2   ____   6   8   ____   ____   14   ____   18

Datblygu ymresymu rhifyddol: Adnabod prosesau a chysylltiadau

1. Mae gennych fag o ddarnau arian 5c, 2c a 1c. Dewch o hyd i dair ffordd neu fwy o wneud 15c?

2. Gellir rhoi'r cardiau hyn mewn parau fel bod pob pâr gyda gwahaniaeth o 4. Tynnwch linell i uno'r parau.

| 0 | 15 | 5 | 11 | 6 | 20 |

3. Defnyddiwch y digidau 1 a 2 ac ysgrifennwch rif gwahanol ym mhob un o'r blychau hyn.

4. Pa rifau sydd ar goll yn y patrwm hwn?

1   4   ___   10   13   ___   ___   22   ___   28

Datblygu ymresymu rhifyddol: Adnabod prosesau a chysylltiadau

Gweithgaredd dosbarth cyfan

Gwnewch batrwm gyda'r siapiau hyn a'i ailadrodd 3 gwaith.

Rhowch 5 sgwâr gyda'i gilydd i wneud croes.

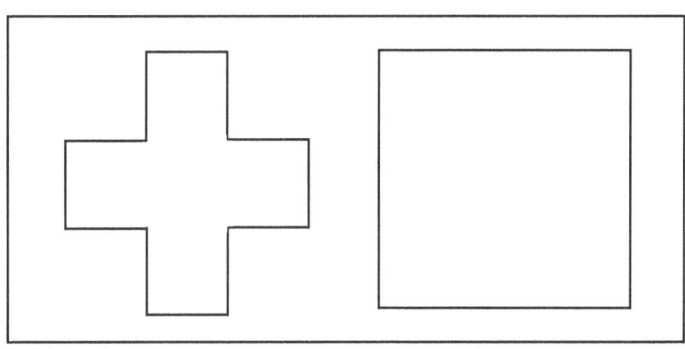

Enwch ddau siâp 3D sydd gyda 6 wyneb.

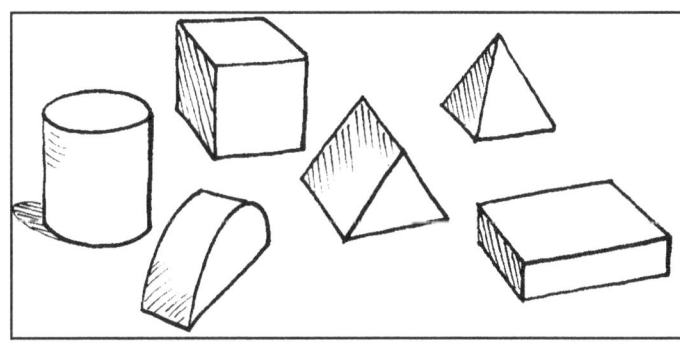

Datblygu ymresymu rhifyddol: Adnabod prosesau a chysylltiadau

1. Mae gan silindr fwy o ymylon na chôn.

   Cywir

   Anghywir

2. Dyma'r rhif 1.

   Gwnewch y rhif 3 gyda sgwariau.

3. Ailadroddwch y patrwm hwn dair gwaith. Beth fydd y 5ed siâp?

   ○ □

4. Pa siapiau 3D sydd heb gorneli?

Datblygu ymresymu rhifyddol: Adnabod prosesau a chysylltiadau

1. Mae gan giwb fwy o ymylon na silindr.

   Cywir

   Anghywir

2. Dyma'r rhif 1.

   Gwnewch y rhif 13 gyda sgwariau.

3. Ailadroddwch y patrwm hwn dair gwaith. Beth fydd yr 8fed siâp?

   ○ □ ○

4. Enwch ddau siâp 3D sydd gyda wyth cornel.

Datblygu ymresymu rhifyddol: Adnabod prosesau a chysylltiadau

Mae gan giwboid fwy o ymylon na phyramid.

1. Cywir

   Anghywir

2. Dyma'r rhif 1.

   Gwnewch y rhif 23 gyda sgwariau.

3. Ailadroddwch y patrwm hwn dair gwaith. Beth fydd yr 10fed siâp?

4. Enwch dri siâp 3D sydd gyda mwy na phedair cornel.

Datblygu ymresymu rhifyddol: Adnabod prosesau a chysylltiadau

Gweithgaredd dosbarth cyfan

Allwch chi wneud pedwar rhif gwahanol gyda'r digidau 2 a 5?

2 5

Adiwch 4 i bob un o'r rhifau hyn.

7 3

1 8

Sawl ateb sydd yn fwy na 10?

Pa rifau rhwng 3 ac 11 sydd yn eilrif?

Datblygu ymresymu rhifyddol: Adnabod prosesau a chysylltiadau

1. Os ydych yn dyblu'r odrifau sydd yn llai na 5 rydych yn cael ateb sy'n eilrif.

Cywir

Anghywir

2. Mae'r rhif sy'n cael ei adio bob tro yn y patrwm hwn rhwng 1 a 4. Beth ydy e?

    1   3   5   7   9   11   13

3. Sawl ffordd wahanol o adio sydd yna i wneud 6 o ddau rif?

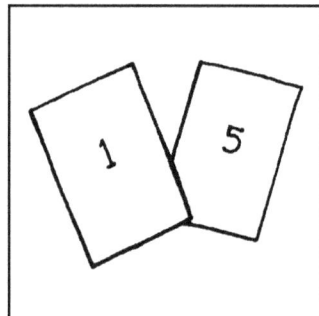

4. Tynnwch 2 o bob un o'r rhifau hyn.

    10   4   8

Ydy'r atebion yn fwy neu'n llai na 5?

Datblygu ymresymu rhifyddol: Adnabod prosesau a chysylltiadau

Gwers 4b

1. Os ydych yn dyblu'r odrifau sydd yn llai na 8 rydych yn cael ateb sy'n eilrif.

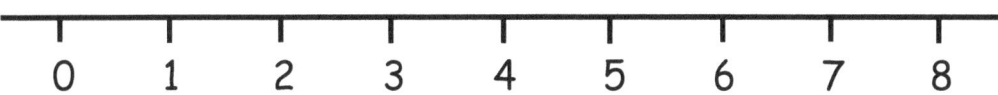

Cywir

Anghywir

2. Mae'r rhif sy'n cael ei adio bob tro yn y patrwm hwn rhwng 2 a 5. Beth ydy e?

    1   4   7   10   13   16   19

3. Sawl ffordd wahanol o adio sydd yna i wneud 8 o ddau rif?

4. Tynnwch 3 o bob un o'r rhifau hyn.

    12   6   9

Ydy'r atebion yn fwy neu'n llai na 5?

Datblygu ymresymu rhifyddol: Adnabod prosesau a chysylltiadau

1. Os ydych yn dyblu'r odrifau sy'n llai na 12 rydych yn cael eilrif.

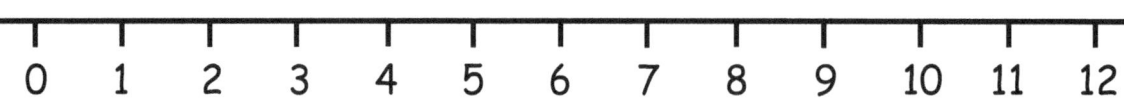

Cywir

Anghywir

2. Mae'r rhif sy'n cael ei adio bob tro yn y patrwm hwn rhwng 3 ac 8. Beth ydy e?

    1   6   11   16   21   26

3. Sawl ffordd wahanol o adio sydd yna i wneud 10 o ddau rif?

4. Tynnwch 3 o bob un o'r rhifau hyn.

    11   20   15

Ydy'r atebion yn fwy neu'n llai na 10?

Datblygu ymresymu rhifyddol: Adnabod prosesau a chysylltiadau

Gweithgaredd dosbarth cyfan

Unwch dau driongl gyda'i gilydd. Sawl ochr sydd gan eich siâp newydd?

Gwnewch batrwm gyda thri sgwâr a phedwar triongl. Ailadroddwch y patrwm dair gwaith.

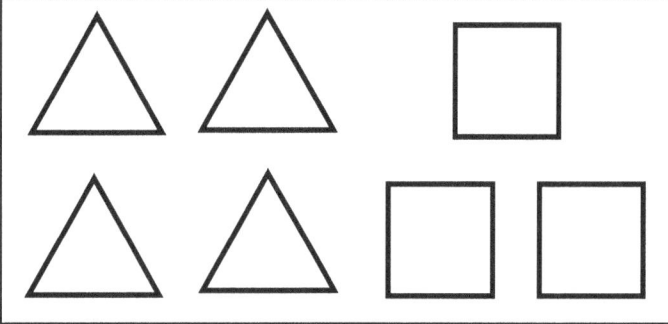

Rhowch drefn ar y siapiau hyn.

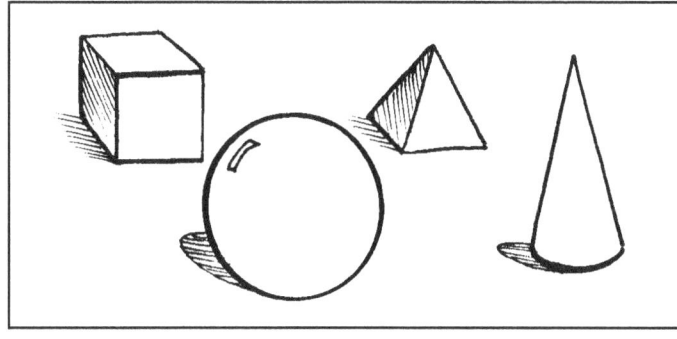

Datblygu ymresymu rhifyddol: Adnabod prosesau a chysylltiadau

1. Gallwch wneud triongl mawr gyda dau driongl bach.

   Cywir

   Anghywir

2. Mae yna dri siâp gydag wyneb crwm.

   Cywir

   Anghywir

3. Pa siâp sy'n mynd i ba flwch?

   1 ochr   3 ochr   4 ochr

4. Sawl ffordd wahanol sydd yna o wneud rhes gyda dau gylch? Llenwch y gridiau.

Datblygu ymresymu rhifyddol: Adnabod prosesau a chysylltiadau

Gwers 5b

1. Gallwch wneud triongl mawr gyda phedwar triongl bach.

   Cywir

   Anghywir

2. Mae yna ddau siâp gydag wyneb crwm a fflat.

   Cywir

   Anghywir

3. Pa siapiau sy'n mynd i ba flwch?

   1 ochr   3 ochr   4 ochr

4. Sawl ffordd wahanol sydd yna o wneud rhes gyda dau gylch? Llenwch y gridiau.

Datblygu ymresymu rhifyddol: Adnabod prosesau a chysylltiadau

Gallwch wneud triongl mawr gyda 16 triongl bach.

1. Cywir

   Anghywir

2. Mae yna fwy na thri siâp gydag wynebau fflat.

   Cywir

   Anghywir

3. Pa siapiau sy'n mynd i ba flwch?

   1 ochr   3 ochr   4 ochr   mwy na 4 ochr

4. Sawl ffordd wahanol sydd yna o wneud rhes gyda thri cylch? Llenwch y gridiau.

Datblygu ymresymu rhifyddol: Adnabod prosesau a chysylltiadau

Gweithgaredd dosbarth cyfan

Tynnwch 2 o bob rhif. Pa atebion sydd yn eilrifau?

8   5   11   3

Meddyliwch am rif ac adiwch 7. Ydy eich ateb yn fwy neu'n llai na 12?

Dechreuwch gyda'r rhif 3. Adiwch 2, bump gwaith. Pa batrwm ydych chi'n ei wneud?

Gwers 6a

Datblygu ymresymu rhifyddol: Adnabod prosesau a chysylltiadau

1. Os ydw i'n adio unrhyw ddau o'r rhifau hyn gyda'i gilydd bydd yr ateb bob tro yn fwy na thri.

   5   3   6   2   4   2

   Cywir

   Anghywir

2. Os ydych chi'n tynnu odrif allan o 5 byddwch yn cael eilrif.

   Cywir

   Anghywir

   Dangoswch eich gwaith.

3. Mae George yn hŷn na 4 ond yn ieuengach na 10. Pa oed allai e fod?

4. Edrychwch ar y rhifau hyn.

   0   2   3   2   4   1

   Rhowch ddau rif ym mhob blwch fel bod y rhifau ym mhob blwch yn adio i 4.

   ☐ ☐ ☐

Datblygu ymresymu rhifyddol: Adnabod prosesau a chysylltiadau

Gwers 6b

1. Os ydw i'n adio unrhyw ddau o'r rhifau hyn gyda'i gilydd bydd yr ateb bob tro yn fwy na 5.

         3   7   3   6   4   5

   Cywir

   Anghywir

2. Os ydych chi'n tynnu odrif allan o 7 byddwch yn cael eilrif.

   Cywir

   Anghywir

   Dangoswch eich gwaith.

3. Mae George yn hŷn na 3 ond yn ieuengach na 12. Pa oed allai e fod?

4. Edrychwch ar y rhifau hyn.

        1   2   3   3   4   5

   Rhowch ddau rif ym mhob blwch fel bod y rhifau ym mhob blwch yn adio i 6.

Gwers 6C

Datblygu ymresymu rhifyddol: Adnabod prosesau a chysylltiadau

1. Os ydw i'n adio unrhyw ddau o'r rhifau hyn gyda'i gilydd bydd yr ateb bob tro yn fwy na 7.

       4   8   4   7   5   6

   Cywir

   Anghywir

2. Os ydych chi'n tynnu odrif allan o 9 byddwch yn cael eilrif.

   Cywir

   Anghywir

   Dangoswch eich gwaith.

3. Mae George yn hŷn na 4 ond yn ieuengach na 14. Pa oed allai e fod?

4. Edrychwch ar y rhifau hyn.

       7   4   2   5   6   4   3   1

   Rhowch ddau rif ym mhob blwch fel bod y rhifau ym mhob blwch yn adio i 8.

Defnyddio sgiliau rhif

Gwers 1

Gweithgaredd dosbarth cyfan

Mae gan Jac 15c ac mae'n prynu afal am 6c. Faint o arian sydd ganddo ar ôl?

Mae gan Llio ddau stribed o bapur sydd yn 8 llaw o hyd. Os ydy hi'n uno nhw gyda'i gilydd pa mor hir fydd y stribed?

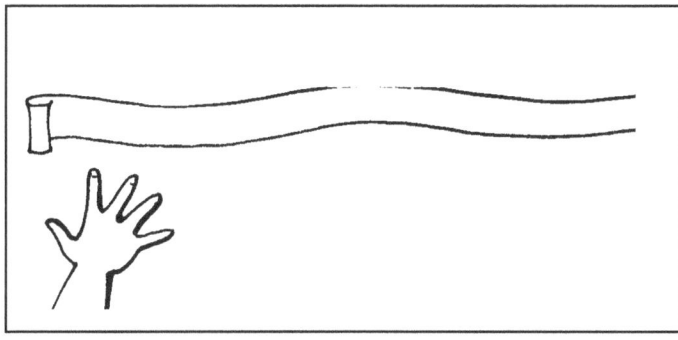

Mae 3 plentyn ar y bws ysgol. Mae'r bws yn casglu 4 plentyn arall ac yna mae 2 yn mynd oddi ar y bws. Faint o blant sydd ar y bws?

Gwers 1a

Defnyddio sgiliau rhif

1. Amser cinio dydd Gwener mae'r plant yn cael dewis taten bob neu salad. Os oes 8 plentyn yn cael cinio ysgol ac mae 4 yn dewis taten bob, faint o blant sy'n cael salad?

2. Prynodd Lisa focs o sudd oren o'r siop am 3c. Rhoddodd 5c i weithiwr y siop i dalu amdano. Faint o newid gafodd hi?

3. Mae'r cae chwaraeon yn 8 metr o hyd. Ar ddiwrnod chwaraeon mae Dewi yn rhedeg hanner ffordd ac yna yn syrthio. Pa mor bell wnaeth e redeg?

4. Yn ei chadw-mi-gei mae gan Fflur ddarn 5c, darn 2c a darn 1c. Faint o arian sydd ganddi i gyd?

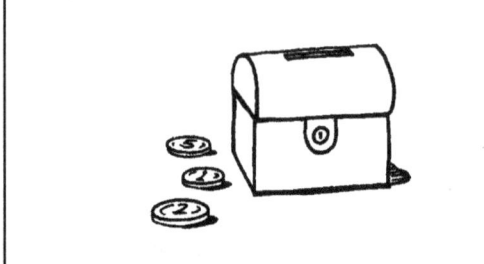

Defnyddio sgiliau rhif

Gwers 1b

1. Amser cinio dydd Gwener mae'r plant yn cael dewis taten bob neu salad. Os oes 10 plentyn yn cael cinio ysgol ac mae 5 yn dewis taten bob, faint o blant sy'n cael salad?

2. Prynodd Lisa focs o sudd oren o'r siop am 6c. Rhoddodd 10c i weithiwr y siop. Faint o newid gafodd hi?

3. Mae'r cae chwaraeon yn 12 metr o hyd. Ar ddiwrnod chwaraeon mae Dewi yn rhedeg hanner ffordd ac yna yn syrthio. Pa mor bell wnaeth e redeg?

4. Yn ei chadw-mi-gei mae gan Fflur ddarn 10c, darn 2c a darn 1c. Faint o arian sydd ganddi i gyd?

Defnyddio sgiliau rhif

1. Amser cinio dydd Gwener mae'r plant yn cael dewis taten bob neu salad. Os oes 12 plentyn yn cael cinio ysgol ac mae 7 yn dewis taten bob, faint o blant sy'n cael salad?

2. Prynodd Lisa focs o sudd oren o'r siop am 9c. Rhoddodd 15c i weithiwr y siop i dalu amdano. Faint o newid gafodd hi?

3. Mae'r cae chwaraeon yn 18 metr o hyd. Ar ddiwrnod chwaraeon mae Dewi yn rhedeg hanner ffordd ac yna yn syrthio. Pa mor bell wnaeth e redeg?

4. Yn ei chadw-mi-gei mae gan Fflur ddarn 10c, darn 5c, darn 2c a darn 1c. Faint o arian sydd ganddi i gyd?

Defnyddio sgiliau rhif

Gwers 2

Gweithgaredd dosbarth cyfan

Mae Soffia yn prynu bocs o wyau melys. Mae 3 wŷ mewn bocs. Sawl wŷ sydd mewn 2 focs?

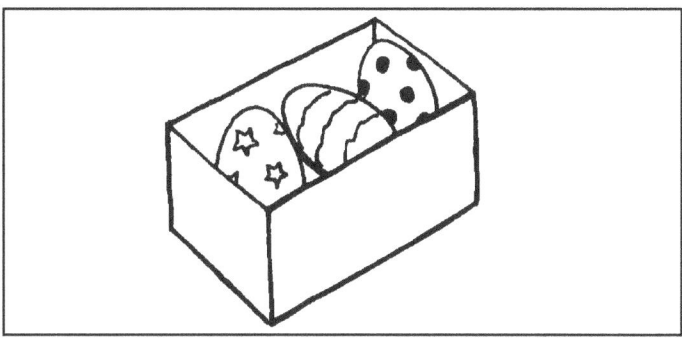

Mae Joshua wedi darllen 8 tudalen o'i lyfr. Os yw'n darllen 7 arall sawl tudalen fydd e wedi'u darllen?

Mae Tegan yn dechrau gwylio'r teledu am 4 o'r gloch. Mae'n gwylio'r teledu am awr ac yna mae'n cael te am awr. Faint o'r gloch mae hi'n gorffen ei the?

Gwers 2a

Defnyddio sgiliau rhif

1. Dw i'n meddwl am rif ac yn adio 2. Yr ateb yw 10. Beth oedd fy rhif?

2. Mae Sioned yn prynu tegan am 9 ceiniog. Pa ddarnau o arian allai hi eu defnyddio i dalu am y tegan?

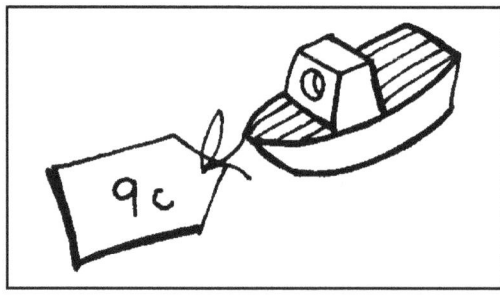

3. Mae Kian yn chwarae gêm ar ei gyfrifiadur. Mae'n cymryd 6 munud iddo ddod o hyd i'r trysor. Mae Sam, ei ffrind, yn cymryd hanner yr amser hynny. Faint mae'n cymryd i Sam ddod o hyd i'r trysor?

4. Mae'n 3.00 p.m. Mae gwers nofio Fiona yn dechrau mewn 3 awr. Faint o'r gloch mae ei gwers nofio yn dechrau?

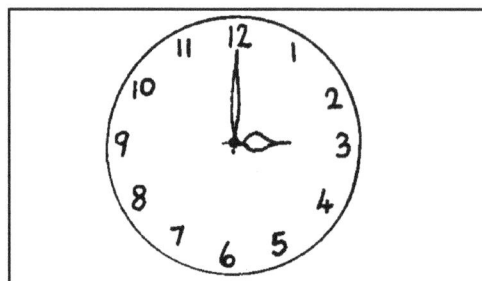

Defnyddio sgiliau rhif

Gwers 2b

1. Dw i'n meddwl am rif ac yn adio 5. Yr ateb yw 14. Beth oedd fy rhif?

2. Mae Sioned yn prynu tegan am 12 ceiniog. Pa ddarnau o arian allai hi eu defnyddio i dalu am y tegan?

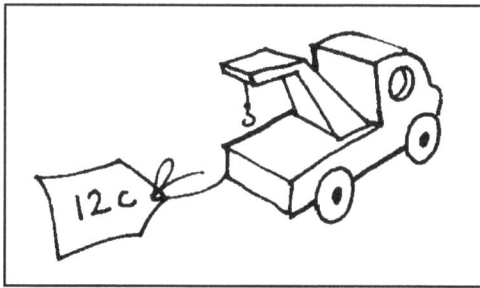

3. Mae Kian yn chwarae gêm ar ei gyfrifiadur. Mae'n cymryd 14 munud iddo ddod o hyd i'r trysor. Mae Sam, ei ffrind, yn cymryd hanner yr amser hynny. Faint mae'n cymryd i Sam ddod o hyd i'r trysor?

4. Mae'n 1.00 p.m. Mae gwers nofio Fiona yn dechrau mewn 4 awr. Faint o'r gloch mae ei gwers nofio yn dechrau?

Gwers 2C

Defnyddio sgiliau rhif

1. Dw i'n meddwl am rif ac yn adio 9. Yr ateb yw 20. Beth oedd fy rhif?

2. Mae Sioned yn prynu tegan am 19 ceiniog. Pa ddarnau o arian allai hi eu defnyddio i dalu am y tegan?

3. Mae Kian yn chwarae gêm ar ei gyfrifiadur. Mae'n cymryd 20 munud iddo ddod o hyd i'r trysor. Mae Sam, ei ffrind, yn cymryd hanner yr amser hynny. Faint mae'n cymryd i Sam ddod o hyd i'r trysor?

4. Mae'n 11.00 a.m. Mae gwers nofio Fiona yn dechrau mewn 5 awr. Faint o'r gloch mae ei gwers nofio yn dechrau?

Defnyddio sgiliau rhif

Gwers 3

Gweithgaredd dosbarth cyfan

Mae Liam yn pwyso yr un faint â 4 cadair. Mae Lewis yn pwyso yr un faint â 8 cadair. Faint yn drymach ydy Lewis?

Mae Lona yn codi ceirios oddi ar y llawr. Maen nhw mewn parau. Mae hi'n codi 6 pâr. Sawl ceirios sydd ganddi?

Mae gan Sebastian 12c yn ei law. Mae'n gollwng 8c. Faint sydd ganddo ar ôl? Pa ddarnau o arian mae o wedi'u gollwng?

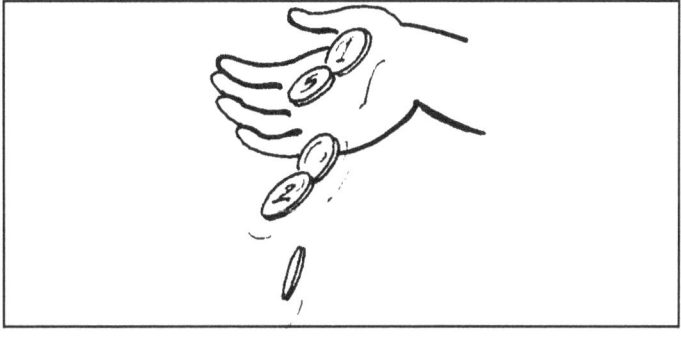

Gwers 3a — Defnyddio sgiliau rhif

1. Yn y parc mae 2 blentyn ar y siglen, 2 ar y llithren ac mae 3 ar y chwyrli-gwgan. Faint o blant sy'n chwarae yn y parc?

2. Mae reid yn y ffair yn costio 7c y tro. Faint fyddai hi'n ei gostio i gael dau dro?

3. Mae gan Joshua 12 llyfr ar silff yn ei ystafell wely. Mae'n rhoi benthyg 2 ohonyn nhw i'w ffrind Casi ac yn mynd â 2 yn ôl i'r llyfrgell. Sawl llyfr sydd ganddo ar ei silff yn awr?

4. Mae John yn pwyso yr un faint â 6 bricsen ac mae Lucy yn pwyso yr un faint â 4 bricsen. Faint yn drymach na Lucy ydy John?

Defnyddio sgiliau rhif

Gwers 3b

1. Yn y parc mae 3 plentyn ar y siglen, 4 ar y llithren ac mae 5 ar y chwyrli-gwgan. Faint o blant sy'n chwarae yn y parc?

2. Mae reid yn y ffair yn costio 9c y tro. Faint fyddai hi'n ei gostio i gael dau dro?

3. Mae gan Joshua 16 llyfr ar silff yn ei ystafell wely. Mae'n rhoi benthyg 2 ohonyn nhw i'w ffrind Casi ac yn mynd â 3 yn ôl i'r llyfrgell. Sawl llyfr sydd ganddo ar ei silff yn awr?

4. Mae John yn pwyso yr un faint â 9 bricsen ac mae Lucy yn pwyso yr un faint â 4 bricsen. Faint yn drymach na Lucy ydy John?

Defnyddio sgiliau rhif

1. Yn y parc mae 4 plentyn ar y siglen, 6 ar y llithren ac mae 3 ar y chwyrli-gwgan. Faint o blant sy'n chwarae yn y parc?

2. Mae reid yn y ffair yn costio 11c y tro. Faint fyddai hi'n ei gostio i gael dau dro?

3. Mae gan Joshua 20 llyfr ar silff yn ei ystafell wely. Mae'n rhoi benthyg 4 ohonyn nhw i'w ffrind Casi ac yn mynd â 6 yn ôl i'r llyfrgell. Sawl llyfr sydd ganddo ar ei silff yn awr?

4. Mae John yn pwyso yr un faint â 18 bricsen ac mae Lucy yn pwyso yr un faint â 11 bricsen. Faint yn drymach na Lucy ydy John?

Defnyddio sgiliau rhif

Gwers 4

Gweithgaredd dosbarth cyfan

Mae yna 10 siswrn yn y pot glas ac 14 siswrn yn y pot coch. Sawl siswrn sydd yna i gyd?

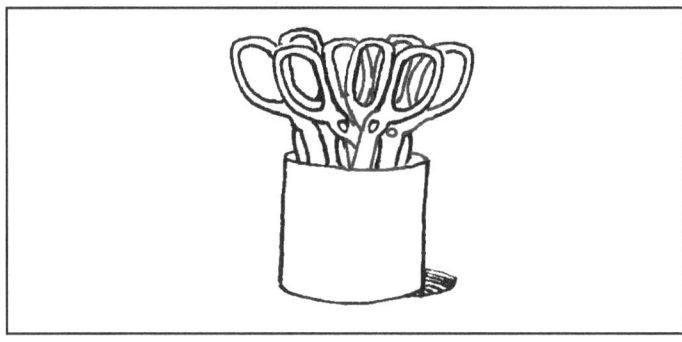

Mae Siân yn gallu sgipio am 2 funud. Mae Beca yn gallu sgipio am 5 munud yn hwy. Am faint o amser mae Beca yn gallu sgipio?

Mae Lucy 2 law yn dalach na Ruth. Mae Ruth yn 16 llaw o daldra. Pa mor dal ydy Lucy?

Gwers 4a — Defnyddio sgiliau rhif

1. Mae afal yn costio 5c, banana yn costio 4c ac oren yn costio 5c. Mae gennych 10c. Pa ddau ffrwyth allech chi eu prynu?

2. Mae Lowri a Macsen yn chwarae gêm fwrdd gyda throellwr. Mae Macsen yn troelli 6 ac yn symud ei gownter ond yna mae'n rhaid iddo fynd yn ôl 2 le.
Pa mor bell mae e wedi symud?

3. Mae mam Jamie wedi prynu car newydd. Mae'r car yn 7 troedfedd o hyd. Mae eu carafan 3 troedfedd yn hirach. Beth ydy hyd eu carafan?

4. Mae pecyn o sticeri yn costio 10c ond maen nhw yn y sêl hanner pris. Faint maen nhw'n ei gostio nawr?

Defnyddio sgiliau rhif

Gwers 4b

1. Mae afal yn costio 7c, banana yn costio 7c ac oren yn costio 8c. Mae gennych 10c a 5c. Pa ddau ffrwyth allech chi eu prynu?

2. Mae Lowri a Macsen yn chwarae gêm fwrdd gyda throellwr. Mae Macsen yn troelli 10 ac yn symud ei gownter ond yna mae'n rhaid iddo fynd yn ôl 4 lle.
Pa mor bell mae e wedi symud?

3. Mae mam Jamie wedi prynu car newydd. Mae'r car yn 8 troedfedd o hyd. Mae eu carafan 7 troedfedd yn hirach. Beth ydy hyd eu carafan?

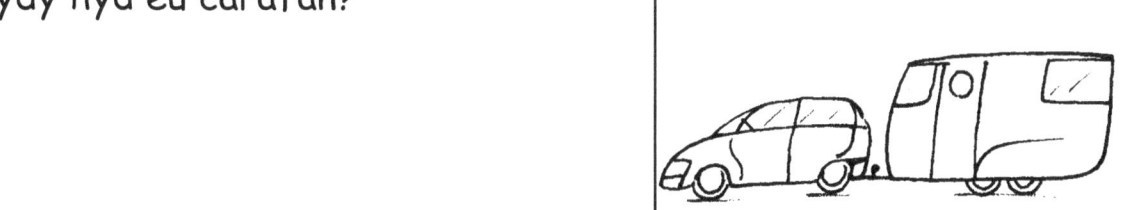

4. Mae pecyn o sticeri yn costio 16c ond maen nhw yn y sêl hanner pris. Faint maen nhw'n ei gostio nawr?

Defnyddio sgiliau rhif

1. Mae afal yn costio 12c, banana yn costio 9c ac oren yn costio 7c. Mae gennych 20c. Pa ddau ffrwyth allech chi eu prynu?

2. Mae Lowri a Macsen yn chwarae gêm fwrdd gyda throellwr. Mae Macsen yn troelli 14 ac yn symud ei gownter ond yna mae'n rhaid iddo fynd yn ôl 5 lle.
Pa mor bell mae e wedi symud?

3. Mae mam Jamie wedi prynu car newydd. Mae'r car yn 9 troedfedd o hyd. Mae eu carafan 8 troedfedd yn hirach. Beth ydy hyd eu carafan?

4. Mae pecyn o sticeri yn costio 18c ond maen nhw yn y sêl hanner pris. Faint maen nhw'n ei gostio nawr?

Defnyddio sgiliau rhif

Gwers 5

Gweithgaredd dosbarth cyfan

Gyda'i gilydd mae gan Gethin a Siôn ddwy waith yn fwy o losin na Ffion. Os oes gan Ffion 4 losin, faint sydd ganddyn nhw i gyd?

Mae gan Glesni, Tom a Charlotte dri bochdew yr un. Sawl bochdew sydd ganddyn nhw i gyd?

Sgoriodd Osian 13 cais yn ei gêm rygbi gyntaf ond 4 cais yn llai yn ei ail gêm. Sawl cais sgoriodd e yn ei ail gêm?

Gwers 5a — Defnyddio sgiliau rhif

1. Mae gan Lleucu 1 llygoden a 2 gath. Sawl cynffon sydd yn ei thŷ hi i gyd?

2. Mae Catrin yn cael 5 ewro yn arian poced bob wythnos. Os ydy hi'n ei gynilo i gyd faint o arian fydd ganddi ar ôl pythefnos?

3. Mae Ben yn cymryd 2 funud i gerdded i'r ysgol ac mae'n cymryd 4 munud arall i gerdded o'r ysgol i'r parc. Faint o amser fyddai hi'n ei gymryd iddo gerdded yn syth o'i dŷ i'r parc?

4. Mae Oliver yn gwahodd 10 ffrind i'w barti pen-blwydd. Dydy 2 ffrind ddim yn gallu dod gan eu bod ar wyliau ac mae 2 ffrind yn sâl. Faint o ffrindiau fydd ym mharti pen-blwydd Oliver?

Defnyddio sgiliau rhif

Gwers 5b

1. Mae gan Lleucu 2 lygoden a 3 cath. Sawl cynffon sydd yn ei thŷ hi i gyd?

2. Mae Catrin yn cael 5 ewro yn arian poced bob wythnos. Os ydy hi'n ei gynilo i gyd faint o arian fydd ganddi ar ôl tair wythnos?

3. Mae Ben yn cymryd 6 munud i gerdded i'r ysgol ac mae'n cymryd 5 munud arall i gerdded o'r ysgol i'r parc. Faint o amser fyddai hi'n ei gymryd iddo gerdded yn syth o'i dŷ i'r parc?

4. Mae Oliver yn gwahodd 13 ffrind i'w barti pen-blwydd. Dydy 3 ffrind ddim yn gallu dod gan eu bod ar wyliau ac mae 2 ffrind yn sâl. Faint o ffrindiau fydd ym mharti pen-blwydd Oliver?

Gwers 5C

Defnyddio sgiliau rhif

1. Mae gan Lleucu 5 llygoden, 3 cath, 2 gi a 4 gerbil. Sawl cynffon sydd yn ei thŷ hi i gyd?

2. Mae Catrin yn cael 5 ewro yn arian poced bob wythnos. Os ydy hi'n ei gynilo i gyd faint o arian fydd ganddi ar ôl pedair wythnos?

3. Mae Ben yn cymryd 8 munud i gerdded i'r ysgol ac mae'n cymryd 6 munud arall i gerdded o'r ysgol i'r parc. Faint o amser fyddai hi'n ei gymryd iddo gerdded yn syth o'i dŷ i'r parc?

4. Mae Oliver yn gwahodd 17 ffrind i'w barti pen-blwydd. Dydy 4 ffrind ddim yn gallu dod gan eu bod ar wyliau ac mae 2 ffrind yn sâl. Faint o ffrindiau fydd ym mharti pen-blwydd Oliver?

Defnyddio sgiliau rhif

Gwers 6

Gweithgaredd dosbarth cyfan

Mae Brenda yn gwario £7 ar docyn trên a £4 ar docyn bws. Faint o newid gafodd hi o £15?

Mae bar grawnfwyd yn costio 8c. Faint fyddai'n ei gostio i brynu tri bar?

Mae Owain yn codi am 8 o'r gloch ar ddydd Llun. Mae Delyth yn codi dwy awr cyn hynny. Faint o'r gloch mae Delyth yn codi?

Gwers 6a — Defnyddio sgiliau rhif

1. Mae'n ddiwrnod crempog. Mae ar Non angen 3 cwpanaid o laeth i wneud pentwr o grempogau. Sawl cwpanaid fydd arni hi ei angen i wneud 2 bentwr?

2. Mae Rhodri yn prynu 5 losin am 2c yr un. Pa ddarnau o arian allai e eu defnyddio i dalu amdanyn nhw?

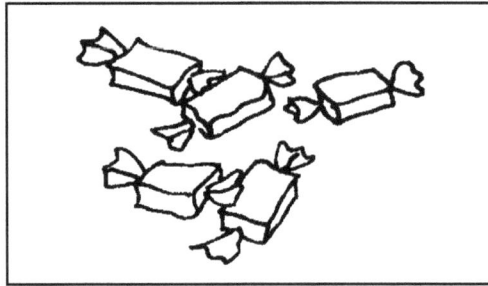

3. Mae Ioan yn cael £8 ar ei ben-blwydd. Mae'n prynu pêl-droed am £2 a llyfr am £1. Faint o arian sydd ganddo ar ôl?

4. Mae gan Sara 8 cerdyn Nadolig yn ei bag. Mae'n rhoi hanner ohonyn nhw i ffwrdd. Faint sydd ganddi ar ôl?

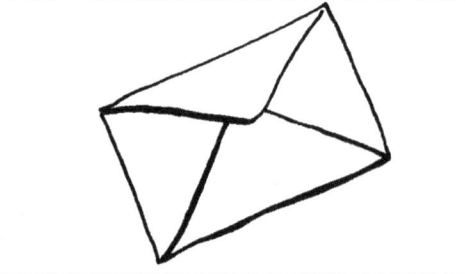

Defnyddio sgiliau rhif

1. Mae'n ddiwrnod crempog. Mae ar Non angen 3 cwpanaid o laeth i wneud pentwr o grempogau. Sawl cwpanaid fydd arni hi ei angen i wneud 4 pentwr?

2. Mae Rhodri yn prynu 7 losin am 2c yr un. Pa ddarnau o arian allai e eu defnyddio i dalu amdanyn nhw?

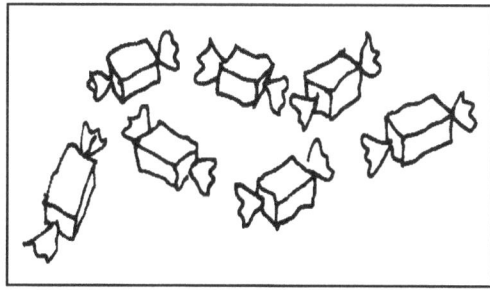

3. Mae Ioan yn cael £12 ar ei ben-blwydd. Mae'n prynu pêl-droed am £3 a llyfr am £2. Faint o arian sydd ganddo ar ôl?

4. Mae gan Sara 16 cerdyn Nadolig yn ei bag. Mae'n rhoi hanner ohonyn nhw i ffwrdd. Faint sydd ganddi ar ôl?

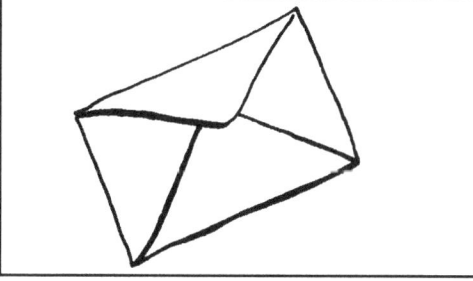

Defnyddio sgiliau rhif

1. Mae'n ddiwrnod crempog. Mae ar Non angen 4 cwpanaid o laeth i wneud pentwr o grempogau. Sawl cwpanaid fydd arni hi ei angen i wneud 4 pentwr?

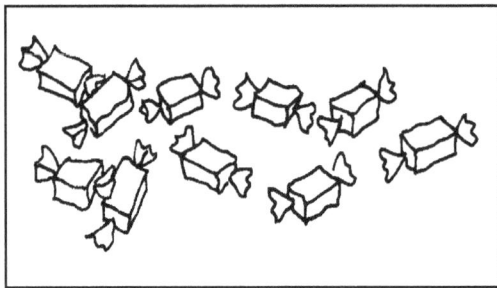

2. Mae Rhodri yn prynu 10 losin am 2c yr un. Pa ddarnau o arian allai e eu defnyddio i dalu amdanyn nhw?

3. Mae Ioan yn cael £15 ar ei ben-blwydd. Mae'n prynu pêl-droed am £2 a llyfr am £3. Faint o arian sydd ganddo ar ôl?

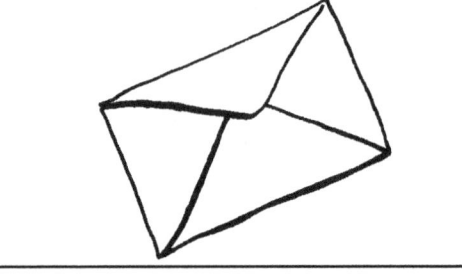

4. Mae gan Sara 22 cerdyn Nadolig yn ei bag. Mae'n rhoi hanner ohonyn nhw i ffwrdd. Faint sydd ganddi ar ôl?

Defnyddio sgiliau data

Gweithgaredd dosbarth cyfan

Mae gofalwr yr ysgol eisiau i rai o'r plant ei helpu i gasglu cerrig oddi ar yr iard. Mae eisiau plant sy'n gallu casglu llawer o gerrig ar yr un pryd fel bod y gwaith yn cael ei wneud yn gyflym.

Enwau'r plant yn y dosbarth ydy Jac, Sali, Rhys, Daniel, Emily a Cai.

Ysgrifennwch restr o enwau'r plant.

1. _____ 4. _____
2. _____ 5. _____
3. _____ 6. _____

Mae'r plant yn ymarfer casglu'r cerrig. Mae Emily yn gallu dal 3 carreg yn ei llaw tra bo Jac yn gallu dal 7. Mae Rhys a Daniel yn gallu dal 5 yr un tra bo Sali ond yn gallu dal 2. Mae Cai yn gallu dal 4.

Rhowch y wybodaeth hon mewn tabl fel y gallwn ei gweld yn glir.

Enw	Nifer o gerrig

Pwy sy'n gallu dal y nifer mwyaf o gerrig? _____

Pwy sy'n dal y lleiaf? _____

Pwy ydych chi'n meddwl sydd gyda'r dwylo lleiaf? _____

Pam? _____

Pa dri plentyn ddylai'r gofalwr eu dewis i'w helpu?

Gwers 1a

Defnyddio sgiliau data

Mae staff ffreutur yr ysgol wedi penderfynu gwerthu ffrwythau ar ôl cinio ond dydyn nhw ddim yn gallu penderfynu pa ffrwythau i'w gwerthu. Gwnewch restr o dri ffrwyth fyddai'n dda i'w gwerthu.

1. _____
2. _____
3. _____

Gofynnwch i 6 o blant yn eich dosbarth pa un o'r ffrwythau yma fydden nhw yn ei ddewis i'w fwyta ar ôl cinio. Rhowch yr atebion yn y tabl hwn. Gallwch ysgrifennu enw'r ffrwyth neu wneud llun.

Enw	Ffrwyth

Cyfrwch faint o blant sydd eisiau pob ffrwyth. Rhowch yr atebion yn y tabl hwn.

Math o ffrwyth	Nifer y plant sy'n ei hoffi

Pa ffrwythau ydych chi'n meddwl dylai'r ysgol eu gwerthu ar ôl cinio?

_____

_____

Pam? _____

_____

Defnyddio sgiliau data

Gwers 1b

Mae staff ffreutur yr ysgol wedi penderfynu gwerthu ffrwythau ar ôl cinio ond dydyn nhw ddim yn gallu penderfynu pa ffrwythau i'w gwerthu. Gwnewch restr o bedwar ffrwyth fyddai'n dda i'w gwerthu.

1. _____
2. _____
3. _____
4. _____

Gofynnwch i 8 o blant yn eich dosbarth pa un o'r ffrwythau yma fydden nhw'n ei ddewis i'w fwyta ar ôl cinio. Rhowch yr atebion yn y tabl hwn. Gallwch ysgrifennu enw'r ffrwyth neu wneud llun.

Enw	Ffrwyth	Enw	Ffrwyth

Cyfrwch faint o blant sydd eisiau pob ffrwyth. Rhowch yr atebion yn y tabl hwn.

Math o ffrwyth	Nifer y plant sy'n ei hoffi

Pa ffrwyth ddylai'r ysgol ei werthu ar ôl cinio? _____
Pam? _____
Oes yna ffrwyth yr ydych chi'n meddwl na fyddai'n gwerthu'n dda iawn? _____
Pam? _____

Gwers 1C — **Defnyddio sgiliau data**

Mae staff ffreutur yr ysgol wedi penderfynu gwerthu ffrwythau ar ôl cinio ond dydyn nhw ddim yn gallu penderfynu pa ffrwythau i'w gwerthu. Gwnewch restr o bump ffrwyth fyddai'n dda i'w gwerthu.

1.
2.
3.
4.
5.

Gofynnwch i 10 o blant yn eich dosbarth pa un o'r ffrwythau yma fydden nhw'n ei ddewis i'w fwyta ar ôl cinio. Rhowch yr atebion yn y tabl hwn. Gallwch ysgrifennu enw'r ffrwyth neu wneud llun.

Enw	Ffrwyth	Enw	Ffrwyth

Cyfrwch faint o blant sydd eisiau pob ffrwyth. Rhowch yr atebion yn y tabl hwn.

Math o ffrwyth	Nifer y plant sy'n ei hoffi

Pa ffrwyth ddylai'r ysgol ei werthu ar ôl cinio?
_____ Pam? _____

Oes yna ffrwyth yr ydych chi'n meddwl na fyddai'n gwerthu'n dda iawn? _____ Pam? _____

Pa ffrwyth fyddech chi'n ei hoffi? _____

Ychwanegwch eich enw i'r rhestr.

Faint sy'n hoffi'r ffrwyth yna nawr? _____

Defnyddio sgiliau data

Gwers 2

Gweithgaredd dosbarth cyfan

Mae plant dosbarth 1 wedi bod yn edrych ar y blodau sy'n tyfu yng nghae'r ysgol.

Dyma restr o'r plant a'r blodau y daethant o hyd iddyn nhw.

Enw	Blodau		
Lowri	2 llygaid y dydd	1 blodyn menyn	0 clychau'r gog
Cian	1 llygaid y dydd	1 blodyn menyn	0 clychau'r gog
Ceri	1 llygaid y dydd	2 blodyn menyn	1 clychau'r gog
Ruth	0 llygaid y dydd	1 blodyn menyn	0 clychau'r gog
Miriam	0 llygaid y dydd	2 blodyn menyn	1 clychau'r gog
Ashok	2 llygaid y dydd	2 blodyn menyn	2 clychau'r gog

Trefnwch y wybodaeth mewn ffordd wahanol.

Blodau	Nifer y blodau
llygaid y dydd	
blodyn menyn	
clychau'r gog	

Gwnewch graff bloc gyda'r canlyniadau.

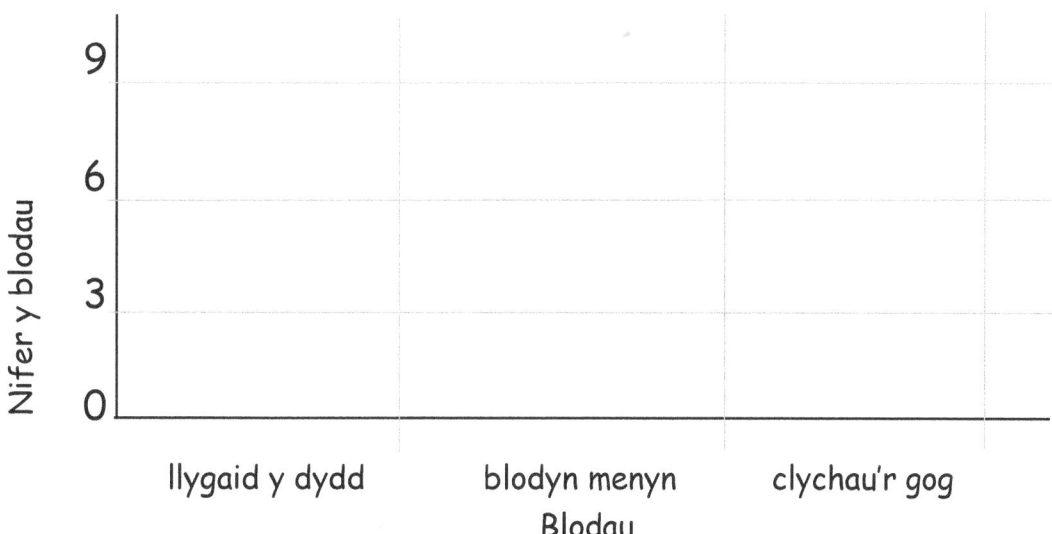

1. Pa flodyn sydd fwyaf cyffredin yn y cae?

2. Pa flodyn sydd lleiaf cyffredin?

Gwers 2a — **Defnyddio sgiliau data**

Mae Mrs Harrison wedi penderfynu bod angen peintio waliau'r ystafell ddosbarth ond dydy hi ddim yn gallu penderfynu ar y lliw. Mae hi wedi penderfynu gadael i'r plant ddewis y lliw, felly, mae hi angen darganfod pa liw maen nhw'n ei hoffi.

Dyma restr o'r plant yn ei dosbarth a'u hoff liw.

Enw	**Lliw**
Lowri	Glas
Jacob	Melyn
Bethan	Coch
Deio	Gwyrdd
Mela	Glas
Tesni	Glas

Trefnwch y wybodaeth mewn ffordd wahanol.

Lliw	**Nifer y plant sy'n ei hoffi**
Melyn	
Gwyrdd	
Coch	
Glas	

Gwnewch graff bloc gyda'r canlyniadau.

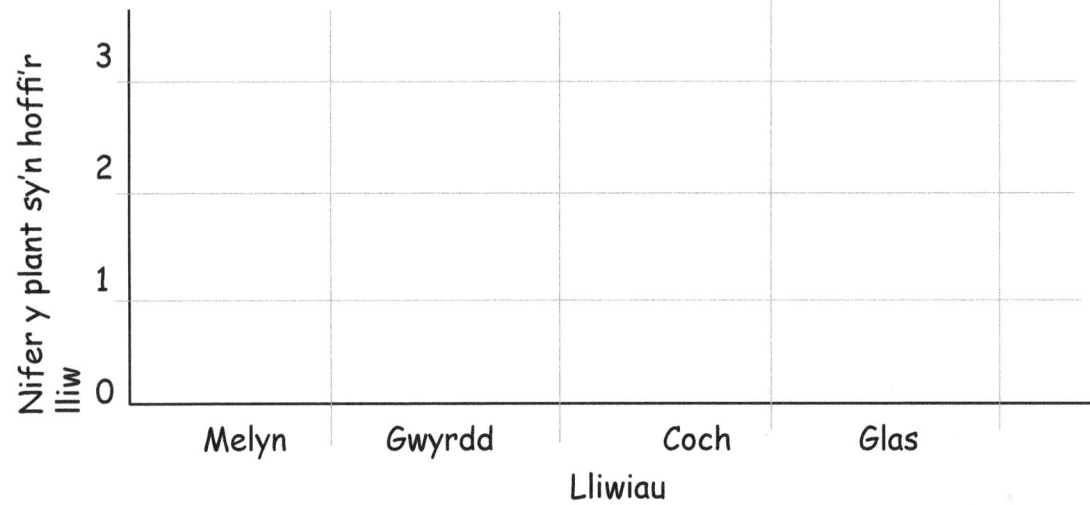

Pa liw ydych chi'n meddwl dylai Mrs Harrison beintio'r dosbarth? _____

Pa liw ydych chi'n ei hoffi? _____

Defnyddio sgiliau data

Gwers 2b

Mae Mrs Harrison wedi penderfynu bod angen peintio waliau'r ystafell ddosbarth ond dydy hi ddim yn gallu penderfynu ar y lliw. Mae hi wedi penderfynu gadael i'r plant ddewis y lliw, felly, mae hi angen darganfod pa liw maen nhw'n ei hoffi.

Dyma restr o'r plant yn ei dosbarth a'u hoff liw.

Enw	Lliw	Enw	Lliw
Lowri	Glas	Tesni	Glas
Jacob	Melyn	Hamish	Melyn
Bethan	Coch	Kate	Melyn
Deio	Gwyrdd	Ethan	Glas
Mela	Glas	Harri	Coch

Trefnwch y wybodaeth mewn ffordd wahanol.

Lliw	Nifer y plant sy'n ei hoffi
Melyn	
Gwyrdd	
Coch	
Glas	

Gwnewch graff bloc gyda'r canlyniadau.

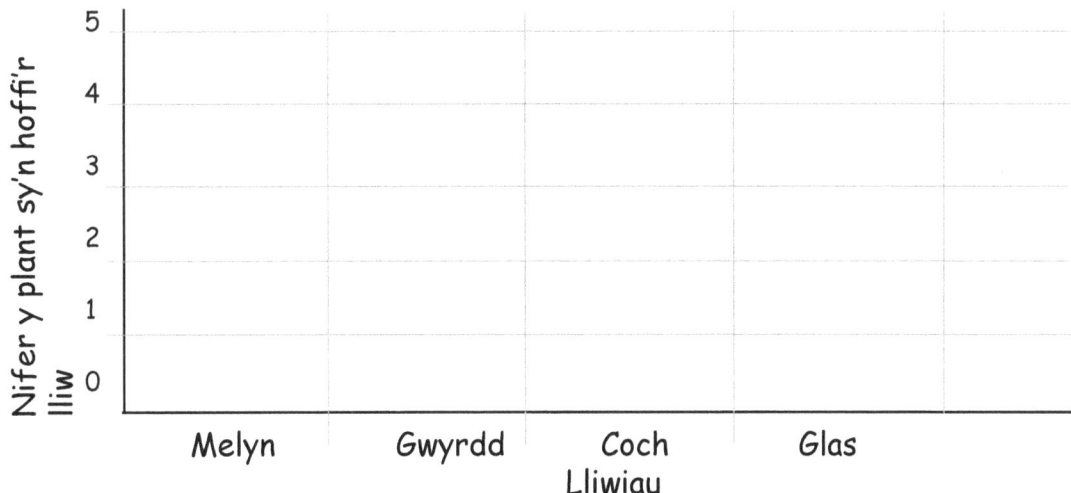

Pa liw mae'r rhan fwyaf o'r plant yn ei hoffi? _____

Pa liw mae'r plant yn ei hoffi leiaf? _____

Pa liw ydych chi'n ei hoffi? _____

Gwers 2C — Defnyddio sgiliau data

Mae Mrs Harrison wedi penderfynu bod angen peintio waliau'r ystafell ddosbarth ond dydy hi ddim yn gallu penderfynu ar y lliw. Mae hi wedi penderfynu gadael i'r plant ddewis y lliw, felly, mae hi angen darganfod pa liw maen nhw'n ei hoffi.

Dyma restr o'r plant yn ei dosbarth a'u hoff liw.

Enw	Lliw	Enw	Lliw
Lowri	Glas	Ethan	Coch
Jacob	Melyn	Harri	Melyn
Bethan	Coch	Siân	Coch
Deio	Melyn	Tirion	Gwyrdd
Mela	Glas	Morgan	Glas
Tesni	Gwyrdd	Ramya	Glas
Hamish	Coch	George	Melyn
Kate	Melyn	Gwenno	Melyn

Trefnwch y wybodaeth mewn ffordd wahanol.

Lliw	Nifer y plant sy'n ei hoffi
Melyn	
Gwyrdd	
Coch	
Glas	

Gwnewch graff bloc gyda'r canlyniadau.

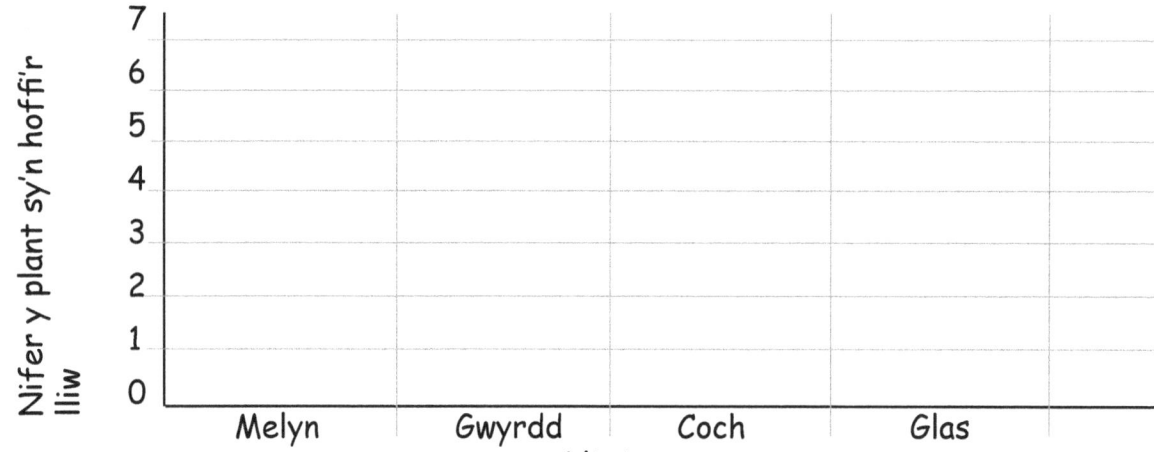

Pa liw mae'r rhan fwyaf o'r plant yn ei hoffi? _____
Pa liw mae'r plant yn ei hoffi leiaf? _____
Faint yn fwy o blant sydd yn hoffi melyn yn hytrach na glas? _____
Pa liw ydych chi'n ei hoffi? _____

Defnyddio sgiliau data

Gweithgaredd dosbarth cyfan

Mae'r milfeddyg lleol yn gwneud arolwg i weld pa anifeiliaid anwes sydd gan blant y pentref.

Enwau'r plant yn y dosbarth ydy Steffan, Osian, Elliw, Bethan, Tomi a Siriol. Ysgrifennwch enwau'r plant mewn rhestr.

1. _____
2. _____
3. _____
4. _____
5. _____
6. _____

Mae gan bob un o'r plant anifail anwes. Mae gan Steffan 2 bysgodyn aur a bochdew. Mae gan Osian 4 ci. Mae gan Elliw barot, chinchilla a 2 bryf brigyn. Mae gan Bethan 6 pysgodyn angel a 2 terrapin. Mae gan Tomi a Siriol 3 cath a 4 gerbil yr un.

Rhowch y wybodaeth hon mewn tabl fel ein bod yn gallu ei gweld yn glir.

Enw	Nifer yr anifeiliaid

Nawr atebwch y cwestiynau hyn.

Pwy sydd â'r mwyaf o anifeiliaid? _____

Pwy sydd â'r lleiaf? _____

Pwy sydd â mwy nag un anifail anwes? _____

Faint o anifeiliaid anwes sydd gan y plant gyda'i gilydd?

Gwers 3a

Defnyddio sgiliau data

Hoffai Mr Jones ddechrau ymarfer pêl-droed ar ôl ysgol ond dydy e ddim yn gallu penderfynu ar ba noson i'w gynnal. Mae'n penderfynu darganfod pa noson mae'r plant yn ei ddosbarth yn rhydd.

Mae Mr Jones yn gofyn i 7 o blant yn ei ddosbarth pryd maen nhw'n rhydd ar ôl ysgol. Dyma beth ddywedodd y plant.

Efa	Dw i'n rhydd ar ddydd Llun a dydd Mawrth
Dylan	Dw i'n rhydd ar ddydd Llun, Dydd Iau a Dydd Mercher
Jafar	Dw i'n rhydd dydd Gwener a dydd Mawrth
Rebecca	Dw i'n rhydd dydd Gwener a dydd Mawrth
Lili	Dw i'n rhydd dydd Llun a dydd Mawrth
Mali	Dw i'n rhydd dydd Llun a dydd Gwener
Ifan	Dw i'n rhydd dydd Iau a dydd Mawrth

Edrychwch ar y dyddiau mae'r plant yn rhydd. Rhowch y wybodaeth yn y tabl hwn.

Diwrnod	Nifer y plant sy'n rhydd
Llun	
Mawrth	
Mercher	
Iau	
Gwener	

Ar ba ddiwrnod dylai Mr Jones gael yr ymarfer pêl-droed?

_____

Pam? _____

Ar ba ddiwrnodau fyddech chi'n gallu mynd? _____

_____

Defnyddio sgiliau data

Gwers 3b

Hoffai Mr Jones ddechrau ymarfer pêl-droed ar ôl ysgol ond dydy e ddim yn gallu penderfynu ar ba noson i'w gynnal. Mae'n penderfynu darganfod pa noson mae'r plant yn ei ddosbarth yn rhydd.

Mae Mr Jones yn gofyn i 10 o blant yn ei ddosbarth pryd maen nhw'n rhydd ar ôl ysgol. Dyma beth ddywedodd y plant.

Efa	Dw i'n rhydd ar ddydd Llun a dydd Mawrth
Dylan	Dw i'n rhydd ar ddydd Llun, Dydd Iau a Dydd Mercher
Jafar	Dw i'n rhydd dydd Gwener a dydd Mawrth
Rebecca	Dw i'n rhydd dydd Gwener a dydd Mawrth
Lili	Dw i'n rhydd dydd Llun a dydd Mawrth
Mali	Dw i'n rhydd dydd Llun a dydd Gwener
Ifan	Dw i'n rhydd dydd Iau a dydd Mawrth
Soffia	Dw i'n rhydd dydd Llun a dydd Iau
Seren	Dw i'n rhydd dydd Gwener
Efan	Dw i'n rhydd dydd Mawrth a Dydd Mercher

Edrychwch ar y dyddiau mae'r plant yn rhydd. Rhowch y wybodaeth yn y tabl hwn.

Diwrnod	Nifer y plant sy'n rhydd
Llun	
Mawrth	
Mercher	
Iau	
Gwener	

Ar ba ddiwrnod mae'r rhan fwyaf o'r plant yn rhydd?

Ar ba ddiwrnod mae'r nifer lleiaf o'r plant yn rhydd?

Ar ba ddiwrnodau fyddech chi'n gallu mynd?

Gwers 3C

Defnyddio sgiliau data

Hoffai Mr Jones ddechrau ymarfer pêl-droed ar ôl ysgol ond dydy e ddim yn gallu penderfynu ar ba noson i'w gynnal. Mae'n penderfynu darganfod pa noson mae'r plant yn ei ddosbarth yn rhydd.

Mae Mr Jones yn gofyn i 12 o blant yn ei ddosbarth pryd maen nhw'n rhydd ar ôl ysgol. Dyma beth ddywedodd y plant.

Efa	Dw i'n rhydd ar ddydd Llun a dydd Mawrth
Dylan	Dw i'n rhydd ar ddydd Llun, Dydd Iau a Dydd Mercher
Jafar	Dw i'n rhydd dydd Gwener a dydd Mawrth
Rebecca	Dw i'n rhydd dydd Gwener a dydd Mawrth
Lili	Dw i'n rhydd dydd Llun a dydd Mawrth
Mali	Dw i'n rhydd dydd Llun a dydd Gwener
Ifan	Dw i'n rhydd dydd Iau a dydd Mawrth
Soffia	Dw i'n rhydd dydd Llun a dydd Iau
Seren	Dw i'n rhydd dydd Gwener
Efan	Dw i'n rhydd dydd Mawrth a Dydd Mercher
Iestyn	Dw i'n rhydd dydd Llun a Dydd Mawrth
Ywain	Dw i'n rhydd dydd Mawrth a Dydd Gwener

Edrychwch ar y dyddiau mae'r plant yn rhydd. Rhowch y wybodaeth yn y tabl hwn.

Diwrnod	Nifer y plant sy'n rhydd
Llun	
Mawrth	
Mercher	
Iau	
Gwener	

Ar ba ddiwrnod mae'r rhan fwyaf o'r plant yn rhydd? _____

Ar ba ddiwrnod mae'r nifer lleiaf o'r plant yn rhydd? _____

Faint yn fwy o blant sy'n gallu mynd ar ddydd Gwener na dydd Mercher? _____

Ar ba ddiwrnodau fyddech chi'n gallu mynd? _____

Datrys Problemau Mathemateg – Blwyddyn 1

Defnyddio sgiliau data

Gweithgaredd dosbarth cyfan

Mae plant Dosbarth 1 wedi bod yn edrych ar wahanol offerynnau cerdd a'u canu. Mae nhw i gyd yn mynd i ddewis pa wersi cerdd bydden nhw'n hoffi eu cael.

Dyma restr o'r plant a'r offerynnau hoffen nhw ddysgu eu canu.

Siân	Piano
Llinos	Recorder
Tia	Drwm
Rose	Drwm
Joseff	Drwm
Christopher	Piano

Trefnwch y wybodaeth mewn ffordd wahanol.

Offeryn	Nifer y plant sy'n ei hoffi
Piano	
Recorder	
Drwm	

Gwnewch graff bloc gyda'r canlyniadau?

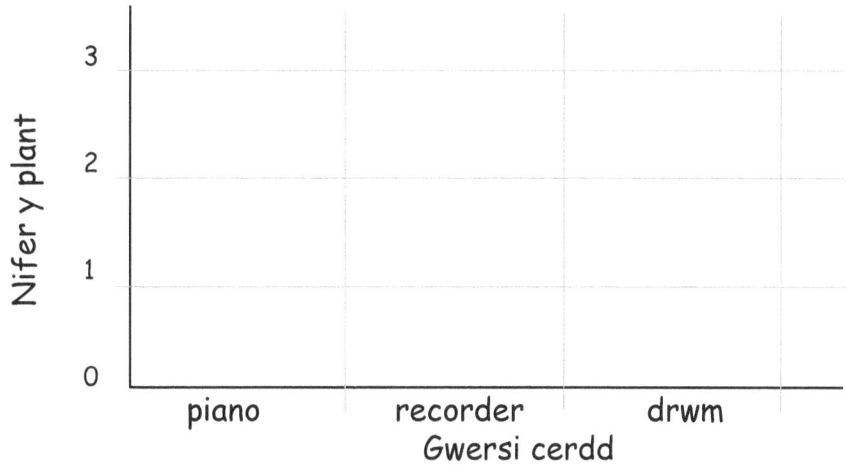

Pa offeryn ydy'r un mwyaf poblogaidd? _____
Pa offeryn ydy'r un lleiaf poblogaidd? _____
Fydd yna fwy o blant yn y gwersi piano neu yn y gwersi drwm?

Gwers 4a

Defnyddio sgiliau data

Mae Miss Jones wedi penderfynu mynd â'r dosbarth ar drip ysgol felly mae wedi gofyn iddyn nhw lle hoffen nhw fynd. Dyma restr o'r plant yn ei dosbarth a lle hoffen nhw fynd.

Rebecca	Glan y môr
Llŷr	Taith i'r goedwig
India	Amgueddfa
Abigail	Glan y môr
Ffion	Taith i'r goedwig
Gwion	Pwll nofio
Nia	Glan y môr

Trefnwch y wybodaeth mewn ffordd wahanol.

Lle	Nifer y plant sydd eisiau mynd yno
Glan y môr	
Taith i'r goedwig	
Pwll nofio	
Amgueddfa	

Gwnewch graff bloc gyda'ch canlyniadau.

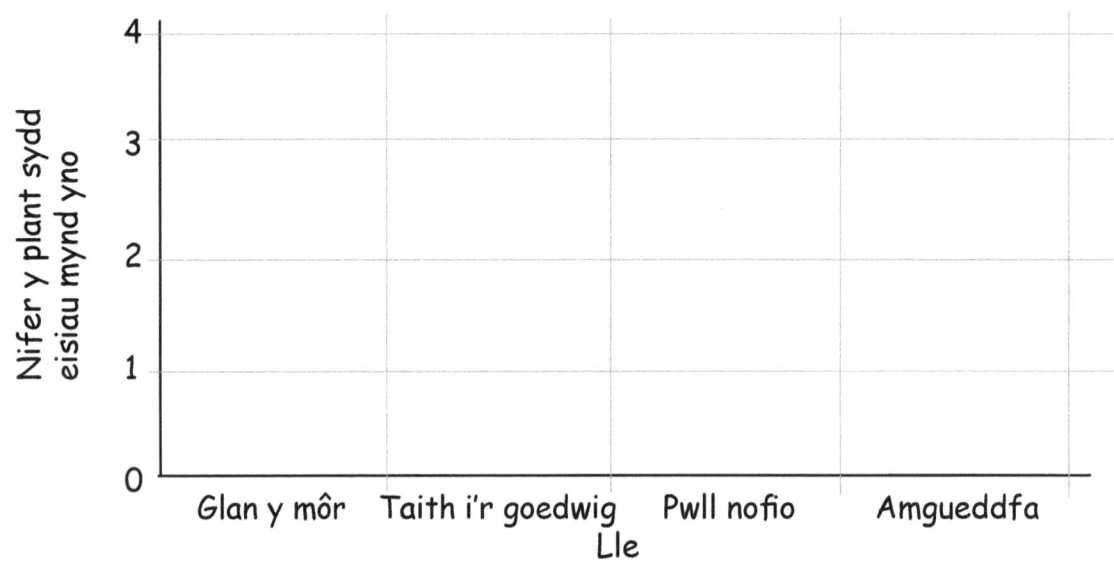

I ble mae'r rhan fwyaf o'r plant eisiau mynd? _____

I ble mae'r nifer lleiaf o blant eisiau mynd? _____

Ble hoffech chi fynd? _____

Defnyddio sgiliau data

Gwers 4b

Mae Miss Jones wedi penderfynu mynd â'r dosbarth ar drip ysgol felly mae wedi gofyn iddyn nhw lle hoffen nhw fynd. Dyma restr o'r plant yn ei dosbarth a lle hoffen nhw fynd.

Rebecca	Glan y môr	Natalie	Glan y môr
Llŷr	Taith i'r goedwig	Ryan	Taith i'r goedwig
India	Amgueddfa	Siwan	Amgueddfa
Abigail	Glan y môr	Marc	Pwll nofio
Ffion	Taith i'r goedwig	Alex	Pwll nofio
Gwion	Pwll nofio		

Trefnwch y wybodaeth mewn ffordd wahanol.

Lle	Nifer y plant sydd eisiau mynd yno
Glan y môr	
Taith i'r goedwig	
Pwll nofio	
Amgueddfa	

Gwnewch graff bloc gyda'ch canlyniadau.

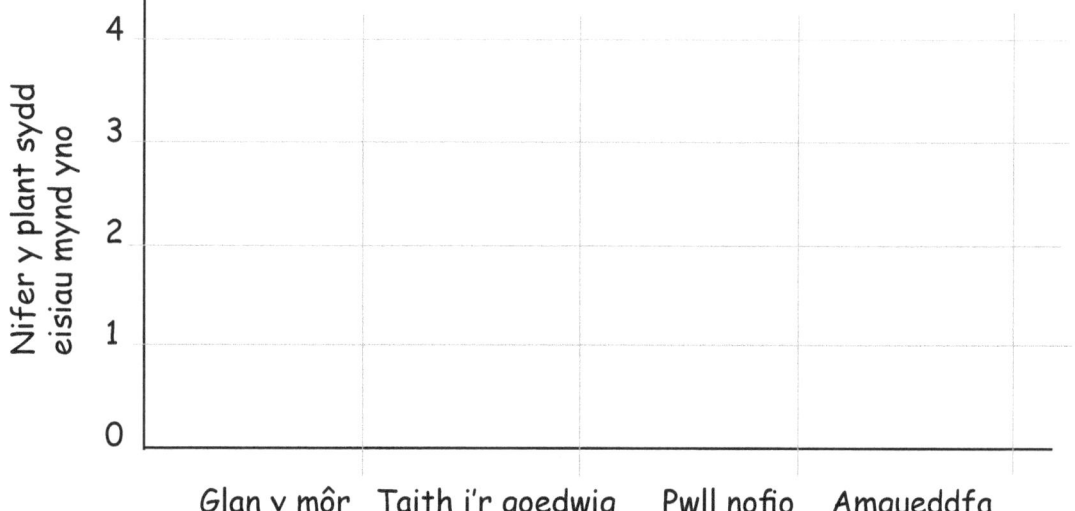

I ble mae'r rhan fwyaf o'r plant eisiau mynd? _____

I ble mae'r nifer lleiaf o blant eisiau mynd? _____

Ble hoffech chi fynd? _____

Gwers 4C — Defnyddio sgiliau data

Mae Miss Jones wedi penderfynu mynd â'r dosbarth ar drip ysgol felly mae wedi gofyn iddyn nhw lle hoffen nhw fynd. Dyma restr o'r plant yn ei dosbarth a lle hoffen nhw fynd.

Rebecca	Glan y môr	Marc	Amgueddfa
Llŷr	Taith i'r goedwig	Alex	Glan y môr
India	Amgueddfa	Craig	Glan y môr
Abigail	Glan y môr	Tegwen	Taith i'r goedwig
Ffion	Taith i'r goedwig	Mitchell	Taith i'r goedwig
Gwion	Pwll nofio	Moli	Pwll nofio
Natalie	Glan y môr	Georgina	Pwll nofio
Ryan	Taith i'r goedwig	Sam	Glan y môr
Siwan	Amgueddfa		

Trefnwch y wybodaeth mewn ffordd wahanol.

Lle	Nifer y plant sydd eisiau mynd yno
Glan y môr	
Taith i'r goedwig	
Pwll nofio	
Amgueddfa	

Gwnewch graff bloc gyda'ch canlyniadau.

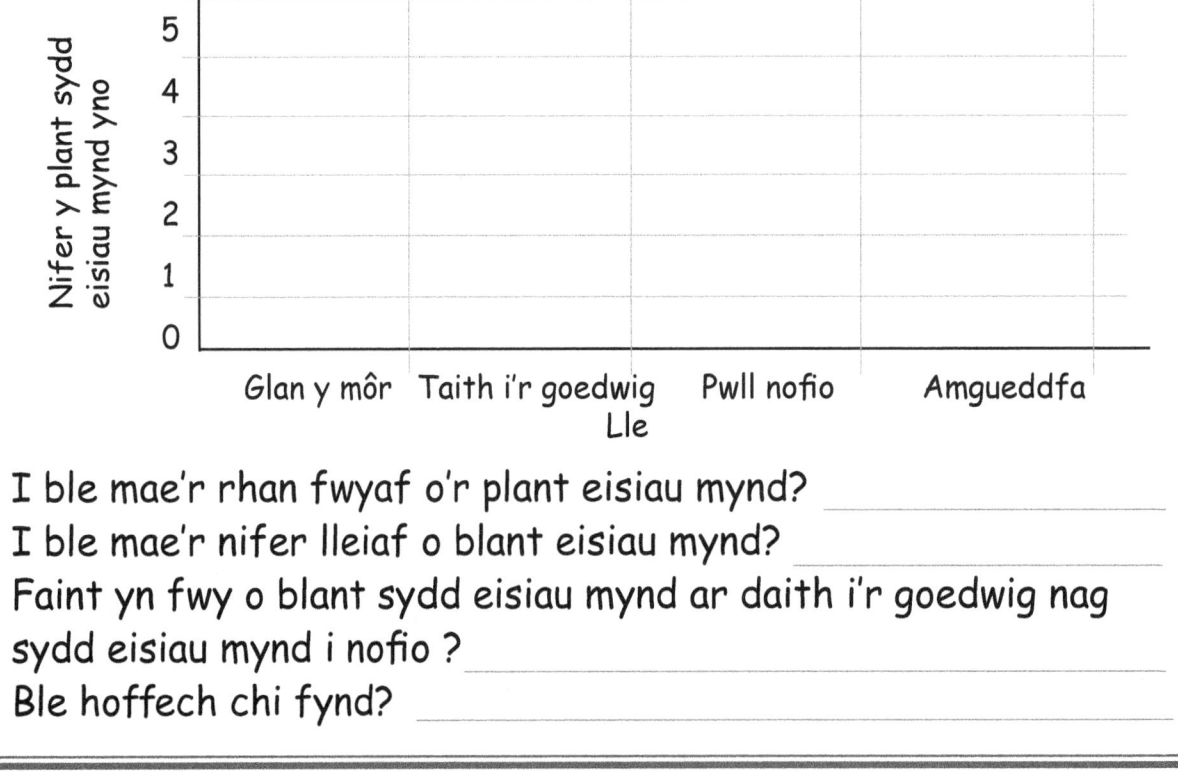

I ble mae'r rhan fwyaf o'r plant eisiau mynd? _____

I ble mae'r nifer lleiaf o blant eisiau mynd? _____

Faint yn fwy o blant sydd eisiau mynd ar daith i'r goedwig nag sydd eisiau mynd i nofio? _____

Ble hoffech chi fynd? _____

Defnyddio sgiliau data

Gweithgaredd dosbarth cyfan

Cymerodd chwech o blant o'r ysgol ran mewn tîm cwis. Enillodd y tîm. Nawr mae'n rhaid i ddau o'r plant fod yn rownd nesaf y cwis ond dydy'r athro ddim yn gwybod pa rai i'w dewis. Enwau'r plant yn y tîm ydy Geraint, Llew, Sioned, Frankie, Charlotte ac Isabel.

Ysgrifennwch enwau'r plant mewn rhestr.

_____
_____
_____
_____
_____

Mae pob plentyn yn ateb 10 cwestiwn. Mae Geraint yn ateb 4 cwestiwn yn gywir, Llew yn ateb 8 cwestiwn yn gywir, Sioned yn ateb 4 cwestiwn yn gywir ac mae Frankie yn ateb un cwestiwn yn llai na Llew yn gywir. Mae Charlotte yn ateb 2 yn fwy na Sioned yn gywir. Mae Isabel yn ateb 5 cwestiwn yn gywir.

Rhowch y wybodaeth hon yn y tabl isod.

Enw	Nifer y cwestiynau yn gywir

Pwy sy'n ateb y nifer fwyaf o gwestiynau yn gywir? _____

Pwy sy'n cael y nifer fwyaf o gwestiynau yn anghywir? _____

Pa 2 blentyn sy'n ateb yr un nifer o gwestiynau yn gywir? _____

Pa 2 blentyn ddylai fynd i rownd nesaf y cwis? _____

Pam? _____

Gwers 5a — *Defnyddio sgiliau data*

Mae'r siop leol wedi penderfynu gwerthu hufen iâ yn yr haf ond dydyn nhw ddim yn gallu penderfynu ar y blasau. Gwnewch restr o dri blas yr ydych chi'n meddwl fyddai'n dda i'w gwerthu yn y siop.

_____

_____

_____

Gofynnwch i 6 o blant yn eich dosbarth pa un o'r hufen iâ fydden nhw'n ei ddewis. Rhowch eu hatebion yn y tabl hwn. Gallwch ysgrifennu enw'r blas neu ddefnyddio lliw.

Enw	Blas yr hufen iâ

Cyfrwch sawl plentyn sydd eisiau y gwahanol flasau. Rhowch yr atebion yn y tabl hwn.

Blas yr hufen iâ	Nifer y plant sy'n ei hoffi

Pa flas hufen iâ ddylai'r siop ei werthu? _____

Pam? _____

Defnyddio sgiliau data — Gwers 5b

Mae'r siop leol wedi penderfynu gwerthu hufen iâ yn yr haf ond dydyn nhw ddim yn gallu penderfynu ar y blasau. Gwnewch restr o dri blas yr ydych chi'n meddwl fyddai'n dda i'w gwerthu yn y siop.

_____

_____

_____

Gofynnwch i 8 o blant yn eich dosbarth pa un o'r hufen iâ fydden nhw'n ei ddewis. Rhowch eu hatebion yn y tabl hwn. Gallwch ysgrifennu enw'r blas neu ddefnyddio lliw.

Enw	Blas yr hufen iâ

Cyfrwch sawl plentyn sydd eisiau y gwahanol flasau. Rhowch yr atebion yn y tabl hwn.

Blas yr hufen iâ	Nifer y plant sy'n ei hoffi

Pa flas hufen iâ ddylai'r siop ei werthu? _____
Pam? _____
Oes yna flas rydych chi'n meddwl fyddai ddim yn gwerthu'n dda iawn? _____
Pam? _____

Gwers 5C — Defnyddio sgiliau data

Mae'r siop leol wedi penderfynu gwerthu hufen iâ yn yr haf ond dydyn nhw ddim yn gallu penderfynu ar y blasau. Gwnewch restr o dri blas yr ydych chi'n meddwl fyddai'n dda i'w gwerthu yn y siop.

_____

_____

_____

Gofynnwch i 10 o blant yn eich dosbarth pa un o'r hufen iâ fydden nhw'n ei ddewis. Rhowch eu hatebion yn y tabl hwn. Gallwch ysgrifennu enw'r blas neu ddefnyddio lliw.

Enw	Blas	Enw	Blas

Cyfrwch sawl plentyn sydd eisiau y gwahanol flasau. Rhowch yr atebion yn y tabl hwn.

Blas yr hufen iâ	Nifer y plant sy'n ei hoffi

Pa flas hufen iâ ddylai'r siop ei werthu? _____

Pam? _____

Oes yna flas rydych chi'n meddwl fyddai ddim yn gwerthu'n dda iawn? _____

Pam? _____

Pa hufen iâ fyddech chi'n ei hoffi? _____

Ychwanegwch eich enw at y rhestr.

Sawl pentyn sy'n hoffi'r hufen iâ yna nawr? _____

Defnyddio sgiliau data

Gwers 6

Gweithgaredd dosbarth cyfan

Mae Miss Martin, llyfrgellydd yr ysgol, wedi penderfynu bod ar yr ysgol angen llyfrau newydd ond dydy hi ddim yn gallu penderfynu ar y math o lyfrau i'w cael. Mae hi wedi penderfynu gadael i'r plant ddewis y llyfrau felly mae hi angen darganfod pa fathau maen nhw'n eu hoffi.

Dyma restr o'r plant a'r mathau o lyfrau maen nhw'n hoffi eu darllen.

Rachel	chwaraeon	Gwydion	celf
Rhydian	gwyddoniaeth	Sarah	celf
Tanya	hanes	Mared	celf
Caio	gwyddoniaeth	Indeg	gwyddoniaeth
Katie	celf	Akshay	chwaraeon

Trefnwch y wybodaeth mewn ffordd wahanol.

Math o lyfr	Nifer y plant sy'n ei hoffi
chwaraeon	
gwyddoniaeth	
hanes	
celf	

Gwnewch graff bloc gyda'r canlyniadau.

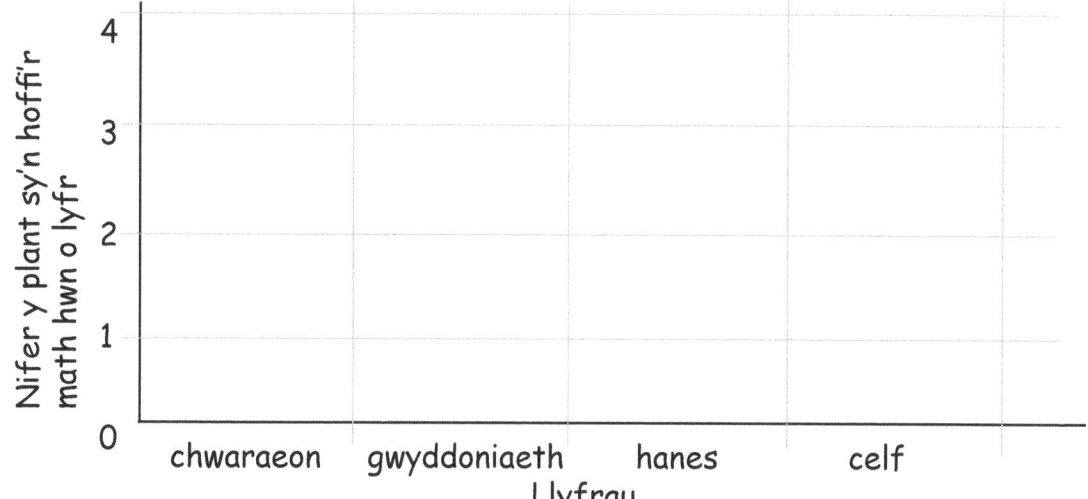

Ydy'r rhan fwyaf o'r plant yn hoffi llyfrau hanes? _____

Ai'r llyfrau gwyddoniaeth mae'r plant yn eu hoffi leiaf? _____

Pa fath o lyfr ydych chi'n ei hoffi? _____

Gwers 6a

Defnyddio sgiliau data

Mae Mr Evans, y pennaeth, wedi penderfynu bod ar yr ysgol angen bws mini newydd ond mae'n methu penderfynu ar y lliw. Mae wedi penderfynu gadael i'r plant ddewis y lliw felly mae angen darganfod y lliw maen nhw'n ei hoffi.

Dyma restr o'r plant yn ei ddosbarth a'u hoff liwiau ar gyfer y bws mini.

Bryn	Melyn
Awen	Oren
Caleb	Melyn
Ravi	Glas
Casi	Melyn
Bethan	Du

Trefnwch y wybodaeth mewn ffordd wahanol.

Lliw	Nifer y plant sy'n ei hoffi
Melyn	
Du	
Oren	
Glas	

Gwnewch graff bloc gyda'r canlyniadau.

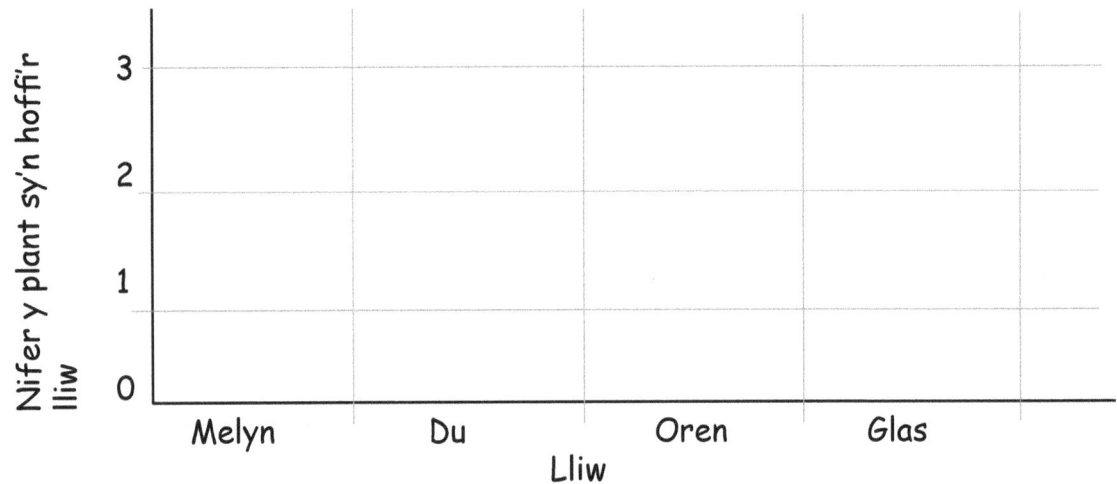

Pa liw ddylai Mr Evans ei ddewis ar gyfer y bws mini?
_____
Pa liw ydych chi'n ei hoffi? _____

Defnyddio sgiliau data

Gwers 6b

Mae Mr Evans, y pennaeth, wedi penderfynu bod ar yr ysgol angen bws mini newydd ond mae'n methu penderfynu ar y lliw. Mae wedi penderfynu gadael i'r plant ddewis y lliw felly mae angen darganfod y lliw maen nhw'n ei hoffi.

Dyma restr o'r plant yn ei ddosbarth a'u hoff liwiau ar gyfer y bws mini.

Bryn	Oren	Awen	Glas
Caleb	Oren	Ravi	Du
Casi	Melyn	Branwen	Melyn
Gwion	Glas	Gweni	Glas
Bethan	Melyn	Dafydd	Glas

Trefnwch y wybodaeth mewn ffordd wahanol.

Lliw	Nifer y plant sy'n ei hoffi
Melyn	
Du	
Oren	
Glas	

Gwnewch graff bloc gyda'r canlyniadau.

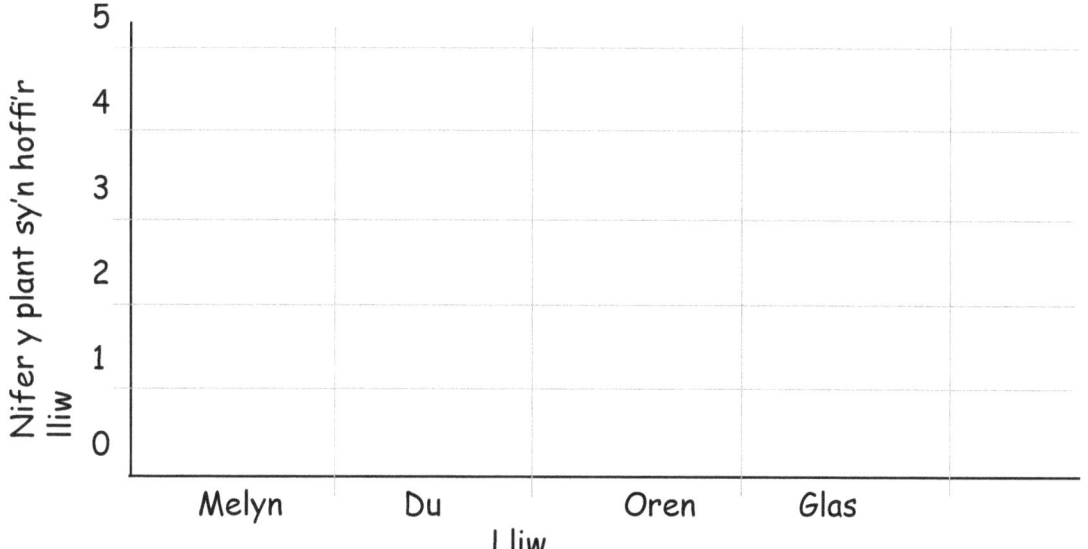

Pa liw mae'r rhan fwyaf o'r plant yn ei hoffi? _____
Pa liw mae'r plant yn ei hoffi leiaf? _____
Pa liw ydych chi'n ei hoffi? _____

Gwers 6C

Defnyddio sgiliau data

Mae Mr Evans, y pennaeth, wedi penderfynu bod ar yr ysgol angen bws mini newydd ond mae'n methu penderfynu ar y lliw. Mae wedi penderfynu gadael i'r plant ddewis y lliw felly mae angen darganfod y lliw maen nhw'n ei hoffi.

Dyma restr o'r plant yn ei ddosbarth a'u hoff liwiau ar gyfer y bws mini.

Bryn	Melyn	Bethan	Oren
Awen	Glas	Dafydd	Glas
Caleb	Oren	Megan	Oren
Ravi	Glas	Lucy	Du
Casi	Melyn	Sali	Melyn
Branwen	Du	Reuben	Melyn
Gwion	Oren	Elgan	Glas
Gweni	Glas	Caryl	Glas

Trefnwch y wybodaeth mewn ffordd wahanol.

Lliw	Nifer y plant sy'n ei hoffi
Melyn	
Du	
Oren	
Glas	

Gwnewch graff bloc gyda'r canlyniadau.

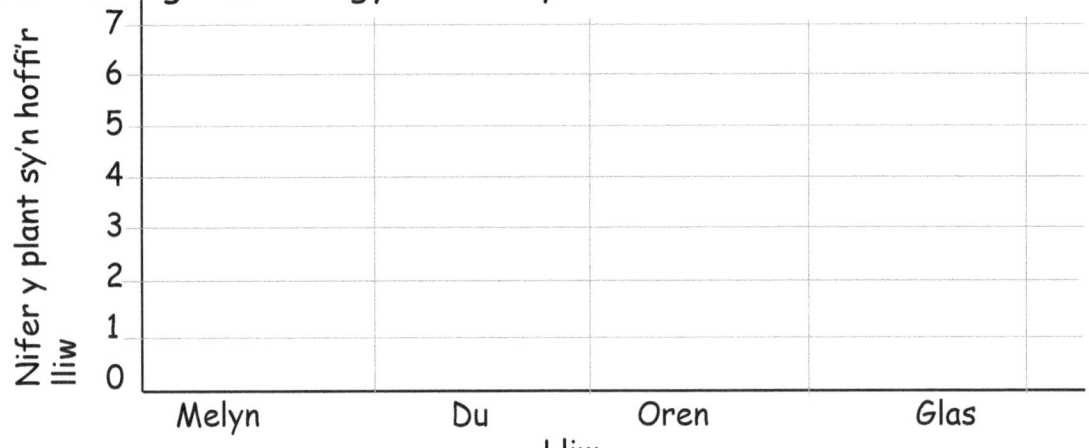

Pa liw mae'r rhan fwyaf o'r plant yn ei hoffi? _____
Pa liw mae'r plant yn ei hoffi leiaf? _____
Faint yn fwy o blant sy'n hoffi melyn yn hytrach na glas? _____
Pa liw ydych chi'n ei hoffi? _____

Atebion

Datblygu ymresymu rhifyddol

Gwers 1 (tud 11)
A: 8 pensil; B: 16c; C: 2 awr
Gwersi 1a–1c (tt 12–14)

C	1a	1b	1c
1	3 grawnwin	4 grawnwin	7 grawnwin
2	£1	£3	£6
3	8 o'r gloch	7 o'r gloch	5 o'r gloch
4	4 cwpanaid	8 cwpanaid	12 cwpanaid

Gwers 2 (tud15)
A: 5 mesurydd; B: 4c; C: 6
Gwersi 2a–2c (tt 16–18)

C	2a	2b	2c
1	8 coes	12 coes	20 coes
2	10c	17c	24c
3	4 o'r gloch	5 o'r gloch	7 o'r gloch
4	4 jwg	4 jwg	4 jwg

Gwers 3 (tud 19)
A: 3 awr; B: 7 tud; C: Unrhyw gyfuniad o arian i wneud 12c.
Gwersi 3a–3c (tt 20–22)

C	3a	3b	3c
1	3 metr	5 metr	6 metr
2	3	5	8
3	4 awr	6 awr	14 awr
4	8	15	23

Gwers 4 (tud 23)
A: 16c; B: 9 marblen; C: 14 munud
Gwersi 4a–4c (tt 24–26)

C	4a	4b	4c
1	6 metr	8 metr	12 metr
2	8	13	17
3	3 diwrnod	7 diwrnod	9 diwrnod
4	2	5	8

Gwers 5 (tud 27)
A: 12; B:13c; C: 6
Gwersi 5a–5c (tt 28–30)

C	5a	5b	5c
1	£3	£5	£8
2	7 mesurydd	14 mesurydd	21 mesurydd
3	5	8	17
4	8	12	20

Gwers 6 (tud 31)
A: 15 munud; B: 4 o'r gloch ; C: 14
Gwersi 6a–6c (tt 32–34)

C	6a	6b	6c
1	5 jwg	8 jwg	10 jwg
2	£8	£11	£18
3	9 ciwb	17 ciwb	21 ciwb
4	10	14	22

Adnabod prosesau a chysylltiadau

Gwers 1 (tud 35)
A: Trafodaeth dosbarth, o leiaf 8; B: cywir; C: sgwâr
Gwersi 1a–1c (tt 36–38)

C	1a	1b	1c
1	cywir	cywir	cywir
2	ydy	ydy	ydy
3	5	8	20
4	● 8 ■ 4 ▲ 4	● 8 ■ 4 ▲ 2 ✚ 2	● 8 ■ 4 ▲ 2 ✚ 2 ♣ 6

Gwers 2 (tud 39)

A: eilrif; B: 9c; C: unrhyw bâr o rifau gyda gwahaniaeth o 3, e.e.
4 a 7 neu 22 a 25.

Gwersi 2a–2c (tt 40–42)

C	2a	2b	2c
1	Unrhyw gyfuniad i wneud		
	8c	10c	15c
2	2–4	3–7	0–5
	3–5	5–9	6–11
	7–9	11–15	15–20
3	Unrhyw rif yn defnyddio		
	1 a 2, ee. 1, 2, 11, 12, 21		
4	3, 6, 7, 9	4, 10, 12, 16	7, 16, 19, 25

Gwers 3 (tud 43)

A: unrhyw batrwm; B: - ; C: ciwb, ciwboid

Gwersi 3a–3c (pages 44–46)

C	3a	3b	3c
1	cywir	cywir	cywir
2	–	–	–
3	○	□	□
4	sffêr, silindr, côn	ciwb, ciwboid	ciwb, ciwboid, pyramid gwaelod sgwâr, prism triongl

Gwers 4 (tud 47)

A: gallwch; B: 2; C: 4, 6, 8, 10

Gwersi 4a–4c (tt 48–50)

C	4a	4b	4c
1	cywir	cywir	cywir
2	2	3	5
3	4	5	6
4	8 yn fwy 2 yn llai 6 yn fwy	9 yn fwy 3 yn llai 6 yn fwy	8 yn llai 17 yn fwy 12 yn fwy

Gwers 5 (tud 51)

A: 4; B: unrhyw batrwm; C: trafodaeth

Gwersi 5a–5c (tt 52–54)

C	5a	5b	5c
1	cywir	cywir	cywir
2	cywir	cywir	cywir
3	○ 1 ochr △ 3 ochr □ 4 ochr	○ 1 ochr △ 3 ochr □ 4 ochr ▭ 4 ochr	○ 1 ochr △ 3 ochr □ 4 ochr ▭ 4 ochr ⬠ 5 ochr
4	6	11	8

Gwers 6 (tud 55)

A: 6 (8–2); B: unrhyw eilrif;
C: 3, 5, 7, 9, 11, 13

Gwersi 6a–6c (tt 56–58)

C	6a	6b	6c
1	cywir	cywir	cywir
2	cywir	cywir	cywir
3	5–9	4–11	5–13
4	40, 22, 31	15, 42, 33	71, 44, 53, 62

Defnyddio sgiliau rhif

Gwers 1 (tud 59)
A: 9c; B: 16 llaw; C: 5
Gwersi 1a–1c (tt 60–62)

C	1a	1b	1c
1	4	5	5
2	2c	4c	6c
3	4 metr	6 metr	9 metr
4	8c	13c	18c

Gwers 2 (tud 63)
A: 6; B: 15; C: 6 o'r gloch
Gwersi 2a–2c (tt 64–66)

C	2a	2b	2c
1	8	9	11
2	unrhyw gyfuniad sy'n dod i		
	9c	12c	19c
3	3 munud	7 munud	10 munud
4	6 pm	5 pm	4 pm

Gwers 3 (tud 67)
A: 4 cadair; B: 12; C: 4c ar ôl, 2c + 2c
neu 2c + 1c +1c neu 1c + 1c + 1c +1c
Gwersi 3a–3c (tt 68–70)

C	3a	3b	3c
1	7	12	13
2	14c	18c	22c
3	8	11	10
4	2 bricsen	5 bricsen	7 bricsen

Gwers 4 (tud 71)
A: 24; B: 7 munud; C: 18 llaw
Gwersi 4a–4c (tt 72–74)

C	4a	4b	4c
1	afal ac oren afal a banana banana ac oren		afal + oren oren + banana
2	4 lle	6 lle	9 lle
3	10 troedfedd	15 troedfedd	17 troedfedd
4	5c	8c	9c

Gwers 5 (tud 75)
A: 12 losin; B: 9; C: 9
Gwersi 5a–5c (tt 76–78)

C	5a	5b	5c
1	3	5	14
2	10 ewro	15 ewro	20 ewro
3	6 munud	11 munud	14 munud
4	6	8	11

Gwers 6 (tud 79)
A: £4; B: 24c; C: 6 o'r gloch
Gwersi 6a–6c (tt 80–82)

C	6a	6b	6c
1	6	12	16
2	unrhyw gyfuniad sy'n dod i		
	10c	14c	20c
3	£5	£7	£10
4	4	8	11

www.ingramcontent.com/pod-product-compliance
Lightning Source LLC
Chambersburg PA
CBHW081350160426
43197CB00015B/2721